Lisa Bahnmüller

HITS FÜR KIDS IN OBERBAYERN

Freizeittipps für die ganze Familie

J. BERG

Inhalt

Vorwort.. 8

Abenteuer draußen

1 Im Tierpark Hellabrunn in München
Tierisch gut!... 16

2 Flughafen München Erding
Der Traum vom Fliegen... 18

3 Die Bavaria Filmstudios in Geiselgasteig
Hollywood in Oberbayern 20

4 Im Wildpark Poing
Bärenbrüder und Bubos.. 23

5 Skifahren für Zwergerl
Weiße Pracht und zwei Bretter unter den Füßen............... 26

6 Western-Stadt Rai in Dasing
Echte Cowboys und Rothäute 28

7 Fossiliensuche im Altmühltal
Für geologische Forscher und Schatzsucher................... 30

8 Bauernhofmuseen in Schliersee und Amerang
Leben wie vor 100 Jahren 33

9 Im Maislabyrinth von Grasbrunn
Hilfe, wir haben uns verlaufen!................................ 36

10 Wildfreizeitpark Oberreith
Der fröhliche Hirsch 38

11 Im Märchenwald von Wolfrathausen
Bei Rapunzel, Hänsel und Gretel und der Oachkatzl-Bahn....... 40

12 Am Blomberg bei Bad Tölz
Sommerrodelspaß 43

13 Benediktbeuern
Im Kloster ist was los 46

14 Im Freilichtmuseum Glentleiten
Zeitreise ins vergangene Jahrhundert......................... 48

15 Walchenseekraftwerk in Kochel
Wie kommt der Strom in die Steckdose? 52

16 Klettergärten
Nervenkitzel am Seil 54

17 Lenggries
Falkenhof und wilde Trike-Abfahrt 56

18 Am Jaudenhang in Lenggries
Sommerrodeln und Golfen 58

19 Gumpen am Berg Hochalm
Naturspielplatz am Wasser...................................... 60

20 Barfußpfad am Kranzberg bei Mittenwald
Zeigt her eure Füßchen 62

Wasser in jeglicher Form zieht Kinder magisch an.

Inhalt

21 Mittenwald – Leutascher Geisterklamm
Im Reich des Klammgeistes.................................... 64

22 Am Karwendel
Der bayerische Skywalk 66

23 Freizeitpark Ruhpolding
Feuerspeiende Drachen und funkelnde Kristalle................ 68

24 Oberbayerische Seen
Eine Bootsfahrt, die ist lustig … 71

25 Pössinger Au in Landsberg
Reh, Hirsch und Wildschweinrudel mitten in der Stadt.......... 74

26 Märchenpark Schongau
Ponyspaß und Märchenwelt.................................... 76

27 Kanutour auf der Altmühl
Altmühlindianer 78

28 Moorerlebnispfad bei Bad Feilnbach
Sterntaler Filze 80

Hauptsache fröhliche Kinder

29 Almbachklamm bei Marktschellenberg
Der Lauf des Wassers 83

30 Durch die Partnachklamm
Wasser in all seinen Formen 86

Abenteuer drinnen

31 Sealife im Olympiapark
München liegt am Mittelmeer 90

32 Kinder- und Jugendmuseum München
Immer wieder und einfach anders! 92

33 Im Museum Mensch und Natur
Naturkunde als Erlebnis 94

34 Münchner Theater für Kinder
Im Land der Märchen. 96

35 Kinderführungen der Bayerischen Schlösser- und Seenverwaltung
Prunk, Pracht und Pomp. 98

36 Verkehrszentrum Deutsches Museum
Fortbewegung damals und heute 100

37 Das Kinderpalais der Pinakothek
Kunstgenuss 102

38 Allianz Arena
Das rot-blaue Luftkissen. 104

39 Im Botanischen Garten
Schwirrende, schillernde Schmetterlinge. 106

40 Kinder-Erlebniswelt Lollihop
Ausgepowert bis zum Umfallen 108

41 Kelten Römer Museum in Manching
Ave Cäsar! Ave Kinder!. 111

Inhalt

42 Deutsches Museum München
Technik zum Anfassen... 114

43 Die BMW Welt
Junior Campus... 116

44 Steinreich
Das Reich der Kristalle in München 118

45 Die Kunst der vielen Fäden
Das Tölzer Marionettentheater................................. 120

46 Das Bergbaumuseum in Peißenberg
80 Meter unter der Erde 122

47 EFA Automuseum
Die gesamte Ära der Automobile 124

48 Höhlenburg in Stein an der Traun
Im Felsenlabyrinth des grausamen, blutrünstigen Raubritters... 126

49 Soccer-Five-Arenen
Wilde Kerle 128

50 Das Tiermuseum von Lenggries
Tierwelt im Hirschladl 130

51 Franz Marc Museum in Kochel
Wer malt da blaue Pferde?..................................... 132

52 Geigenbaumuseum in Mittenwald
Schall und Klang 135

53 Naturkunde- und Mammutmuseum Siegsdorf
Mammutjäger 138

54 Das Berchtesgadener Salzbergwerk
Das Geheimnis des Salzes 142

55 Zum Aquadome am Tegernsee
Unter bayerischem Wasser 144

Schwimmbäder und Badeseen

56 Schwimm- und Funbäder in Oberbayern
Warmwasserratten 148

57 Baden im Sommer in Oberbayern
Baden unter bayerischem Himmel 152

58 Das Galaxy der Therme Erding
Europas größtes Rutschenparadies 154

Feste

59 Feste, Brauchtum und Kinderevents 158

Register 164

Impressum 168

Auf Spielplätzen ist immer was los.

Vorwort

Es ist Wochenende und Sie wissen nicht, was Sie mit der Familie unternehmen könnten? Sie verbringen mit Kind und Kegel den Urlaub in Oberbayern und suchen Anregungen für tagesfüllenden Freizeitspaß? Dann haben Sie mit diesem Buch genau die richtige Begleitlektüre gewählt. Hier finden Sie jede Menge Tipps und Informationen für ein aktives Freizeitprogramm mit der ganzen Familie.

Oberbayern ist berühmt für seine Berge und Seen, seine Königsschlösser, die zahlreichen Feste und die heimliche Hauptstadt mit Herz: München. Nicht umsonst ist es Urlaubsziel Nummer eins in Deutschland. Und der Tourismus boomt, deshalb tut sich viel in den einzelnen Urlaubsregionen. So gibt es immer mehr Anbieter für Urlaub auf dem Bauernhof, die sich vielerorts speziell auf Familien mit Kindern als Gäste einrichten, und jedes Jahr kommen neue Freizeithits und lohnenswerte Ziele für Familien dazu.

In diesem Freizeitführer finden Sie Anregungen für den Familienausflug, egal ob Sie in Oberbayern zu Hause sind oder dort Ihren Urlaub genießen, ob die Sonne scheint oder Schnee vom Himmel fällt, ob es regnet oder der Wind weht. Je nach Lust und Laune und je nach Größe des Geldbeutels gibt es Tipps für drinnen und draußen, die für alle Kinder im Alter von vier bis zwölf Jahren genau das Richtige sind.

Wir haben für Sie mehr als 70 Freizeitziele getestet, die wir Ihnen hier mit vielen zusätzlichen Informationen versehen vorstellen, darunter Altbewährtes und Klassiker der Ausflugstipps ebenso wie viele neue, unbekanntere oder kleinere Hits. Wir waren in Museen, Schwimmbädern und Tierparks, auf Naturerkundungen, Wanderungen, Fahrradtouren, Lehrpfaden, Rodelbahnen, Schiffs- und Bahnfahrten, in Fun- und Themenparks, Bergwerken, Märchenwäldern, Wildparks und Wildwest-Citys. Wir haben Reiterhöfe, Klettergärten, Kanutouren und Skipisten ausprobiert und auch nicht vergessen, jede Menge Feste mitzufeiern. Kleinere Ausflugstipps haben wir bewusst so gestaltet, dass Sie mit zusätzlichen Möglichkeiten leicht einen Ganztagesausflug daraus machen können. Andere Ausflüge sind von sich aus schon tagesfüllend. Für einige Aktivitäten muss man sich vorher anmelden, es lohnt sich mit Sicherheit. Der Großteil der Tipps ist jedoch ohne Reservierung zugänglich. So kann jede Familie nach Lust und Laune ihren ganz persönlichen Spaßtag zusammenstellen und erleben.

Auch wenn es sich vor allem um Freizeittipps für Kinder handelt, ist es uns wichtig, dass möglichst jeder in der Familie auf seine Kosten kommt – auch wir Erwachsene. Denn all die hier vorgestellten Freizeithits dienen schließlich einem gemeinsamen Zweck: Sie sollen Spaß machen!

Bedanken möchten wir uns bei all den Familien und Kindern, die uns ihre Lieblingsausflüge, Freizeithits und Tipps verraten haben. Ohne ihre Mithilfe und Erfahrung wäre dieser Familienfreizeitführer gar nicht möglich. Wir hoffen, dass all unsere Leser beim gemeinsamen Entdecken der »Hits für Kids in Oberbayern« ebenso viel Spaß haben wie wir bei unseren Recherchen.

Am Besten ist, wenn die ganze Familie mitkommt.

Für Alle, ob groß oder klein ist was dabei.

Tipps für unterwegs

Dieser Freizeitführer soll Ihnen die Planung von Familienausflügen erleichtern, deshalb noch einige grundsätzliche Bemerkungen.

Trotz sorgfältiger Recherche lässt es sich nicht vermeiden, dass sich im Laufe der Zeit einiges ändert. Vor allem Öffnungszeiten und Eintrittspreise sind davon betroffen. Wer einen Internetzugang hat, sollte vorher immer kurz nachsehen, ob sich etwas verändert hat. Manchmal sind Einrichtungen auch wegen Renovierungsarbeiten kurzfristig geschlossen. Die Enttäuschung, vor verschlossenen Türen zu stehen, ist für Kinder einfach zu groß.

Außerdem hat es sich als praktisch erwiesen, am Vorabend des Ausflugs einen »Kriegsrat« einzuberufen. Steht überhaupt allen Familienmitgliedern der Sinn nach dem gemeinsamen Freizeitvergnügen? Manchmal muss man den Geschwistern, die andere Interessen haben, einen weiteren Ausflug für einen der nächsten Tage versprechen – und dieses Versprechen dann auch einhalten.

Bei einigen der Freizeithits, vor allem bei Führungen, sollte man sich auf die Altersangaben der Veranstalter verlassen. Für alle Teilnehmer ist es schwierig, wenn sich zu große oder zu kleine Kinder langweilen und dann mit ihrem Verhalten die restliche Gruppe stören.

Kreativ sein macht Spaß, erfordert aber ab und an die Badewanne.

Todlangweilige Museumsbesuche sind zum Glück out. Hier hat sich in den letzten Jahren wirklich viel getan. Die Museen sind spannend und oft interaktiv geworden: Da darf man anfassen, lernen und mitmachen. Man muss sich nicht flüsternd unterhalten, und der Wissensdurst unserer Kinder wird spielerisch und wie von selbst gelöscht. Trotzdem muss man beherzt eingreifen, falls kleine Kinderhände doch zu tatkräftig über van Goghs »Sonnenblumen« wandern oder das Gold der Kelten als Mitbringsel für das eigene Spielzimmer eingesteckt wird.

Bei unseren Wander- oder Fahrradausflügen haben wir versucht, Ziele zu finden, bei denen bereits der Weg zum Marschieren oder Radeln verführt. Denn es gibt nichts Langweiligeres als breite Forststraßen. Kinder wollen etwas erleben und sind neugierig, egal ob wir auf Schatzsuche gehen oder zum Klettern. Obendrein gibt es bei jeder Tour noch ein »Zuckerl«. Das kann das Schwimmbad oder der Badesee sein oder einer von vielen interessanten Zwischenstopps, der das eigentliche Wandern oder Radeln glatt zur Nebensache werden lässt. Da ist der Ausflug doch gleich viel reizvoller.

Trotzdem sollte man die Kinder auf keinen Fall mit sportlichen Herausforderungen überfordern. Nicht jeden Tag ist man in gleicher körperlicher Verfassung. Wenn es einfach nicht läuft, sollte man das Ziel lieber aufgeben, bevor sich die Kinder beim nächsten Ausflug von vornherein verweigern. Wenn ihren Sprössling angesichts schwindelerregender Klettertürme oder wilder Turborutschen der Mut verlässt, können Sie ihm ermutigen, aber bitte niemals drängen. Lieber einmal langsamer als einmal zu wild.

Trotz guter Vorbereitung sollten wir einige Dinge für unterwegs nicht vergessen. Ein kleiner Tagesrucksack fasst problemlos das Nötigste für einen gelungenen Familienausflug. Unserer ist stets mit den wichtigsten Zutaten für einen quengelfreien Tag gefüllt.

Unbedingt gehören Getränke hinein. Kinder leiden immer an Durst, vor allem dann, wenn gerade nichts zur Hand ist. Es lohnt sich auch, diverse Getränkeflaschen im Auto zu deponieren. Auf Dauer ist es teuer, den Durst in Restaurants, Kiosken oder an Tankstellen zu löschen.

Bei Ganztagesausflügen oder längeren Fahrten gehört immer etwas Reiseproviant in das »Gepäck«. Ein paar Müsliriegel, Äpfel oder schokofreie Kekse halten allen Temperaturen stand und sind leicht aus der Hand zu essen. Und beizeiten bewirken Kaugummis oder Gummibärchen ebenfalls so manches Wunder.

Beherzigen Sie auch den Spruch: »Es gibt kein schlechtes Wetter, nur die falsche Kleidung.« Lieber eine Jacke oder einen Pulli zu viel dabei als anschließend frieren. Bei sportlichen Ausflügen hat sich atmungsaktive Wäsche als besonders tauglich erwiesen. Mit guter Regenjacke oder warmem Anorak kann man selbst bei Schneetreiben oder Regenwetter losziehen. Und ein solcher Spaziergang ist wie Medizin für unsere Kinder. Abends sind die kleinen Energiebündel einfach ausgeglichener, zufriedener und müde. Überhaupt ist bei einigen Unternehmungen Kleidung zum Wechseln sinnvoll. Wer bricht denn schon gerne einen schönen Familientag wegen nasser Hosen oder T-Shirts ab?

🐷	Spartipp	🚼	auch für kleine Kinder geeignet
🔥	Abenteuer	🐰	Unternehmungen mit Tieren
💡	Lehrreiches	🚲	Fahrradtouren
	Schwimmbäder		Badeseen
	Feste & Veranstaltungen		Unternehmungen am Wasser
	Wanderungen		Kulturelles

Bauerngolf spielt in Lenggries die ganze Familie.

Abenteuer draußen

1 Im Tierpark Hellabrunn in München

Tierisch gut!

Der Tierpark Hellabrunn gehört zu den bekanntesten Zoos in Deutschland und hat sich mit mehreren Tierprojekten auch international einen Namen gemacht. Er war weltweit der erste Geozoo und wurde bereits 1911 eröffnet.

Der Tierpark Hellabrunn hat bereits aufgrund seines Alters große Tradition in München. Weil er ein Geozoo ist, sind die Tiere dort nicht nach Arten geordnet, sondern nach den Kontinenten, auf denen sie normalerweise leben. In all den Jahren wurde aber stets viel modernisiert und gebaut, damit die Tiere ein möglichst artgerechtes und schönes Zuhause haben.

So gibt es jetzt das supermoderne Urwaldhaus. Unter tropisch feuchtheißer Luft, die einem gleich am Eingang fast den Atem nimmt, leben hier große Gorillafamilien. Auch Aquarien und Mangrovenbecken sind ver-

■ **Anfahrt:** Mit dem Auto: Im Süden von München, Ortsteil Thalkirchen an der Isar, schattige Parkplätze zu 3 Euro vorhanden. Mit der Bahn: Von München mit der U-Bahn U3 bis Haltestelle »Thalkirchen«, zum Eingang ca. 5 Min. Fußweg.

■ **Öffnungszeiten:** Täglich von April bis September 9–18 Uhr, Oktober bis März 9–17 Uhr.

■ **Preise:** Kinder (4–14 Jahre): 4,50 Euro, Erwachsene: 11 Euro, Familienkarte: 25 Euro.

■ **Altersempfehlung:** Ab ca. 2 Jahre, die Wege lassen sich gut mit Kinderwagen oder Rollstühlen befahren.

■ **Einkehr:** Über den ganzen Tierpark verteilt gibt es Imbissbuden und Kioske mit diversen Angeboten: Eis, Crêpes, Würstel, Pommes und Popcorn, Kaffee und Kuchen. Meist Selbstbedienung und leider nicht gerade billig. Es lohnt sich, die Brotzeit und vor allem Getränke selbst mitzubringen.

■ **Info:** Tierpark Hellabrunn, Tierparkstraße 30, 81543 München, Tel. 089/62 5080, www.tierpark-hellabrunn.de

Große und kleine Tiere gibt es in Hellabrunn.

treten ebenso wie Schlangen und Echsen aller Art. Ein weiteres schönes Haus ist das neue Raubtiergehege mit dem begehbaren tropischen Regenwald, durch den Vögel frei fliegen. Und vor Kurzem erst wurde das neue Orang-Utan-Paradies mit Klettergarten eröffnet. Doch selbst alte Gebäude wie das Elefanten- und Giraffenhaus von 1914 haben ihren Charme.

Neu ist das Tier-, Natur- und Artenschutz-Zentrum (TNA), hier werden die weltweit vom Tierpark Hellabrunn unterstützten Artenschutzprojekte vorgestellt. Kinder dürfen selbst interaktiv am Computer mithelfen, und es gibt einen tollen Blasrohrparcours. Täglich (außer freitags) gibt es um 14.30 Uhr die große Flossenparade der Seelöwen. Zweimal täglich dürfen wir selbst Pelikane füttern. Im Winter haben die Königspinguine freien Ausgang und watscheln durch den Tierpark. Zu Ostern gibt es immer das große Eiersuchen im Tierparkgelände. Haflingerpferde stehen das ganze Jahr über an einer Reitbahn beim Abenteuerspielplatz bereit.

Tipp

Wer öfter kommen möchte, ist mit einer **Zehnerkarte** gut beraten. Der Eintritt ist wesentlich günstiger, sie gilt auch für das Deutsche Museum in München, verfällt nicht und ist übertragbar. Erkundigen Sie sich gleich zu Beginn des Besuches nach den jeweiligen **Fütterungszeiten der Tiere**. So können Sie Ihren Rundgang nach den Lieblingstieren richten, deren Fütterung ist immer ein großes Ereignis. Vor allem die Seelöwen und Hyänen sind spannend.

2 Flughafen München Erding

Der Traum vom Fliegen

Für alle zukünftigen Piloten und großen und kleinen »Herren der Lüfte« ist dies der ultimative Ausflugstipp. Alles dreht sich ums Fliegen, Flugzeuge und ein wenig ums Reisen. Und vor allem um den Flughafen, ohne den wir nicht abheben könnten.

Im Besucherpark des Münchner Flughafens kommen alle auf ihre Kosten. Informativ, witzig und kindgerecht erfahren wir spielerisch, wie es an einem Flughafen so abläuft. Der Besucherpark mit Besucherzentrum und Besucherhügel ist ein beliebtes Ausflugsziel, und vor allem für Kinder gibt es dort jetzt viel Neues zu entdecken. Kinder können sich mithilfe hochmoderner Touchscreen-Kinderterminals die Zusammenhänge am Flugplatz erklären lassen. So erfahren sie Interessantes über die verschiedenen Berufe und den Ablauf vom Einchecken bis zum Abflug. Wer noch

■ **Anfahrt:** Mit dem Auto: Autobahn A 92 zum Flughafen, Beschilderung Besucherpark folgen, Parkplatz P51, gebührenpflichtig. Mit der Bahn: Mit der S-Bahn S1 oder S8 Haltestelle »Besucherpark«, 800 Meter Fußweg.
■ **Öffnungszeiten:** Täglich 9.30–18 Uhr, im Winter bis 17 Uhr. Besucherhügel täglich 24 Stunden geöffnet, Lichterfahrten ab Anfang November bis Ende Februar täglich um 16, 17 und 18 Uhr.
■ **Preise:** Kostenlos. Der Besucherhügel und die historischen Flugzeuge jeweils 1 Euro Eintritt pro Person. Lichterfahrten: Kinder (bis 14 Jahre): 2,50 Euro, Erwachsene: 5,95 Euro.
■ **Altersempfehlung:** Ab ca. 4 Jahre.
■ **Einkehr:** Im Münchner Besucherpark gibt es das Restaurant Ikarus. Der Flughafen rund um Terminal 2 bietet aber alles, was das Herz begehrt, und gleicht einer städtischen Fußgängerzone.
■ **Info:** Besucherpark München Flughafen GmbH, Abteilung Besucherservice, Tel. 089/97541333, www.munich-airport.de (»Erlebnis Flughafen« anklicken).

nicht selbst lesen kann, bekommt das Ganze erzählt. Es gibt Filmbeiträge von der »Sendung mit der Maus« und »Willi will's wissen«. Ausgestellt sind auch Exponate aus dem Zoll, die viel über Artenschutz erklären.

Und draußen auf dem Gelände des Besucherparks gibt es noch mehr zu entdecken. Drei historische Flugzeuge können von innen und außen besichtigt werden. Es gibt einen großen Spielplatz mit Baggern, Sprungnetzen, Trampolinen und viel Kies. Geruhsamer ist die Besteigung des 28 Meter hohen Besucherhügels. Hier können wir jede Menge Flugzeuge starten und landen sehen. Vor allem abends in der Dämmerung, wenn die Lichter eingeschaltet werden, ist der hell erleuchtete Flughafen besonders schön. Fernglas nicht vergessen! Wer den ganzen Flughafen »live« erleben möchte sollte unbedingt bei den Lichterfahrten im Winter mitmachen. Die Fahrt dauert ca. 50 Min. und führt in einem Flughafenbus über das malerisch beleuchtete Gelände. Diese Rundfahrt können wir in der Adventszeit mit dem Besuch des Weihnachtsmarktes im Munich Airport Center verbinden. Hier gibt es auch eine künstliche, kostenlose Eislaufbahn. Schlittschuhe kann man gegen eine geringe Gebühr ausleihen.

> **Tipp**
> Die **Airporttour** am Münchner Flughafen dauert ca. 50 Min. Von Ende Februar bis Anfang November startet die Tour montags bis freitags jeweils um 13.30 Uhr, an Wochenenden, feiertags und in den bayerischen Schulferien um 11.30 Uhr, 13.30 Uhr, 15.30 Uhr. Erwachsene: 8,50 Euro, Kinder (5–14 Jahre): 3,50 Euro. Erwachsene müssen zur Sicherheitskontrolle unbedingt Ausweise mitnehmen. An Pfingsten gibt es jedes Jahr das große **Flughafen-Familienfest**.
> Das **Programm »Flieg mit!«** ist eines der wenigen, das sich ausschließlich an Kindergartengruppen richtet. Maximal 28 Kinder und 3 Betreuer dürfen so spielerisch verreisen. Mit Bordkarten, Gepäckanhängern und allem Drum und Dran. Es gibt aber auch differenzierte Angebote für Schulklassen aller Altersgruppen.

Am Flughafen ist immer was los.

3 Die Bavaria Filmstudios in Geiselgasteig

Hollywood in Oberbayern

Der Ausflug steht ganz im Zeichen der Filmwelt. Wer Kino und Fernsehen mag, wird von diesem Ziel sicher begeistert sein. Und es ist natürlich viel interessanter, die Originalkulissen von Filmen zu sehen, die man bereits kennt.

Für Kinder, die Serien wie »Marienhof«, Telenovelas wie »Lotta in Love« oder die Filmreihe »Wilde Kerle« toll finden, ist ein Besuch bei ihren Stars natürlich die Krönung. Seit 1981 steht die Filmstadt Geiselgasteig den Besuchern offen. Die Idee dafür entstand kurz nach dem Dreh für den Film

■ **Anfahrt:** Mit dem Auto: Von München Richtung Grünwald/Bad Tölz, auf der Grünwalder Straße. Am Ortsschild »Grünwald« der Beschilderung »Bavaria Filmstudios« nach links folgen. Parkplätze vorhanden, 2 Euro Gebühr. Mit der Bahn: Mit der Straßenbahn 25 von Münchens Stadtmitte bis Haltestelle »Bavaria Filmstadt«. Es gibt günstige MVV-Kombi-Tickets.
■ **Öffnungszeiten:** Täglich, im Sommer 9–18 Uhr, im Winter 10–17 Uhr. Führungen durch die Filmstadt teils mehrmals stündlich. Stuntshows finden nur in der Hauptsaison von April bis Oktober zu bestimmten Zeiten statt, am besten vorab im Internet recherchieren.
■ **Dauer:** Führung durch die Filmstadt ca. 1,5 Stunden, Stuntshow ca. 45 Min.
■ **Preise:** Bavaria Filmstudio inklusive Stuntshow und 4D-Kino: Kinder (6–14 Jahre): 22 Euro, Erwachsene: 24 Euro, Familienkarte: 77 Euro.
■ **Altersempfehlung:** Ab 9 Jahre, für das 4D-Kino ist eine Mindestgröße von 1,22 Meter vorgeschrieben. Die Bavaria Filmstudios sind vor allem für ältere Kinder geeignet.
■ **Einkehr:** Auf dem Gelände der Bavaria Filmstudios gibt es einen McDonald's, in der Nähe aber auch jede Menge gute Biergärten wie z. B. die nahe Menterschweige.
■ **Info:** Bavaria Filmstadt, Bavariafilmplatz 7, 82031 München/Geiselgasteig, Tel. 089/45000–0, Olympiaturm Tel. 089/64 99–2000, www.filmstadt.de

»Das Boot«. Das originalgetreu nachgebaute, 55 Meter lange U-Boot war einfach zu schade für den Schrotthändler, und so kam man dem regen Interesse der Bevölkerung nach und gab die Kulisse sowie viele Teile des Drehgeländes zur Besichtigung frei. Die wenigsten Kinder kennen heute zwar Wolfgang Petersens Film »Das Boot«, aber zum Glück werden und wurden in den Bavaria Filmstudios viele andere Klassiker und Highlights des deutschen Films gedreht: »Die unendliche Geschichte«, »Asterix und Obelix«, »Die Rote Meile«, »Bibi Blocksberg«, »Das fliegende Klassenzimmer«, »Enemy Mine«, »Wilde Kerle« oder »(T)Raumschiff Surprise«. Natürlich entstehen dort immer noch neue Filme, und vor allem für das Fernsehen werden jeden Tag Soaps und Shows produziert.

Auf einem geführten Rundgang durch das Gelände erfahren wir alles über die hier gedrehten »Movies«. Wir dürfen viele der Originalkulissen besuchen, und alles ist gespickt mit Geschichten, die hinter der Kamera passieren. Die Kulissen und Besichtigungstouren wechseln von Zeit zu Zeit. Denn auch wenn das Gelände riesig und mit vielen Hallen übersät ist, reicht der Platz natürlich nicht aus, um alles für die Ewigkeit zu installieren.

Mitmachen kann jeder, in der original »(T)raumschiff Surprise« Kulisse.

In einer der Produktionshallen kann man eine fantastisch inszenierte Stuntshow besuchen. Vor einer großen Häuserkulisse werden viele Tricks gezeigt. Zum Ende der Aufführung steigert sich das Ganze zu einem theatralischen feuerreichen Schusswechsel. Die Zuschauer dürfen mitmachen, und nach der Show haben viele Kinder einen neuen Berufswunsch: Stuntman! Ein weiterer spannender Höhepunkt ist das 4D-Kino. Hier bewegen sich sogar die Sitzreihen, und es wird ein wenig gruselig. Auf der geführten Tour durch die Filmstadt werden immer wieder freiwillige Mitspieler gesucht. Trauen Sie sich oder ermutigen Sie Ihre Kinder, sich zu melden. Sie müssen nur einen kleinen Text lesen oder eine Szene aus dem Film »(T)raumschiff Surprise« nachspielen. Das wird sicher die schönste Erinnerung an diesen Ausflug sein, denn am Ende der Führung wird dann gleich »ihr Film« im hauseigenen Oscarraum gezeigt.

Tipp

Ein besonderes Angebot für Schulklassen oder Jugendgruppen ist das Projekt **»Filmendes Klassenzimmer«**, bei dem die Kinder ein eigenes Filmteam bilden, vom Schauspieler über die Statisten, Kameraleute, Techniker, Cutter, Beleuchter bis hin zu den Toningenieuren. Einen ganzen Tag lang wird mit Unterstützung von Profis der eigene Film gedreht, bis es dann schließlich die oscarreife Premiere des eigenen Films gibt. Anmeldung unter Tel. 089/6499-3557.

Ganz neu: das Bullyversum. Eine neue Filmerlebnis-Welt, interaktiv in 3D und zum Brüllen komisch rund um den Comedian, Regisseur und Schauspieler M. Bully Herbig.

Diese Kulisse gibt es leider nicht mehr.

Im Wildpark Poing 4

Bärenbrüder und Bubos

Der Wildpark Poing ist eine gelungene Mischung aus Tierpark, Waldspaziergang, riesigem Streichelgehege, überdimensionalem Abenteuerspielplatz, spannender Greifvogelschau und einer neuen Attraktion, den drei Bären.

Seit 1970 gibt es den von der Familie Festl gegründeten Wildpark Poing. Viele Familien kommen mindestens einmal pro Jahr, denn hier wird immer wieder etwas Neues geboten. Wir treten durch das Eingangstor und entscheiden uns zuerst für den langen Spaziergang durch den Wald. Er führt an vielen Tiergehegen vorbei, in denen vor allem heimische Waldbewohner wie Fasane, Marder, Iltisse und viele Vogelarten zu sehen sind. Wir kommen an Wildschweinen, Hängebauchschweinen und Luchsen vorbei, und es gibt auch Bisons und Mufflons. Bei den Feuchtbiotopen sind allerlei Wasservögel, Störche, aber auch Bisamratten, Biber und Waschbären zu sehen. Überall im Wald laufen die Tiere frei herum. Vor allem das Rotwild ist sehr neugierig und bettelt um Futter. Die große Wolfsfamilie ist natür-

---

■ **Anfahrt:** Mit dem Auto: Von München auf der A 94 Richtung Passau, Ausfahrt Parsdorf/Poing Richtung Poing, ab dort ist der Weg zum Wildpark ausgeschildert. Viele Parkplätze vorhanden. Mit der Bahn: Von München mit der S-Bahn S2 Richtung Erding, Haltestelle »Poing«, 20 Min. Fußweg.
■ **Öffnungszeiten:** Täglich von April bis November 9–17 Uhr, von Dezember bis März 11–16 Uhr. Greifvogelschau nur von April bis November, täglich außer freitags, Vorführung um 11 und 15 Uhr, wochentags schon um 10.30 Uhr.
■ **Preise:** Kinder (3–14 Jahre): 4 Euro, Erwachsene: 6,50 Euro.
■ **Altersempfehlung:** Ab ca. 2 Jahre.
■ **Einkehr:** Im Wildpark Poing gibt es am großen Freizeitplatz einen Kiosk mit diversen Getränken, Kuchen und Eis. Viele Bänke bieten Platz für mitgebrachte Brotzeiten.
■ **Info:** Wildpark Poing, Osterfeldweg 20, 85586 Poing, Tel. 08121/806 17, www.wildpark-poing.de

Auch kleine Kinder trauen sich beim Füttern ganz nah ran.

lich hinter Gittern. Wer Glück hat, erlebt sie sehr aufgeweckt beim Rennen und Spielen.

Ein weiteres Highlight des Wildparks ist die Flugschau der Greifvögel. Der Falkner ist stolzer Besitzer von Bussarden, Falken und Habichten. Sam, einen amerikanischen Weißkopfseeadler, lässt er fliegen und sogar mitten durch die Zuschauerreihen hüpfen. Still wird es in der Zuschauermenge, wenn er den Flug der beiden Uhus Bubu und Baba ankündigt. Die Nachträuber scheinen lautlos zu schweben, denn man hört überhaupt keinen Flügelschlag. Und sie fliegen so haarscharf über unsere Köpfe hinweg, dass wir trotz Bückens den Windhauch ihrer Flügel spüren. Leider dauert dieses Spektakel nur 45 Minuten.

Aber es wartet ja noch die absolute Attraktion des Parks auf uns: die Bärenfamilie. Anfang 2007 hat die Bärenmama Mia mit ihren drei Töchtern Maja, Mette und Molly ihr neues Gehege erobert und damit gleichzeitig sämtliche Herzen der Besucher. Am Ende des Rundgangs bleibt noch viel Zeit, um sich auf dem Abenteuerspielplatz auszutoben. Auf Holztischen kann man prima die mitgebrachte Brotzeit verzehren.

Ein weiterer schöner Wildpark ist übrigens der Bergtierpark Blindham (Blindham 3, 85655 Großhelfendorf, Tel. 08063/20 76 38, www.bergtierpark.de, täglich geöffnet, im Sommer von 9–20 Uhr, im Winter von 10–18 Uhr). Der Bergtierpark Blindham ist ein kleinerer, übersichtlicher Wildpark, der vor allem bei Familien mit kleinen Kindern als Geheimtipp gehandelt wird. Beim Rundgang kommen wir zu Rotwildgehegen, und es werden vor allem seltene Haustierrassen gezeigt. Der Eingang mit dem Parkcafé thront auf einem Hügel oberhalb des großen Abenteuerspielplatzes. Bei Karussells, Sandspielplätzen, Schaukeln und geführtem Ponyreiten sind alle gut beschäftigt. Für die Größeren steht ein Bungee-Trampolin bereit und mehrere große Schwingseile.

Tipp
Es lohnt sich, den Park möglichst früh am Tag zu besuchen. Dann sind die Tiere noch nicht satt und haben wirklich Interesse am angebotenen Futter. Für Kinder ist die **Fütterung** immer ein riesiger Spaß. Das Futter kauft man am Eingang in kleinen Packtüten für ein paar Cent. Am besten feuchte Hygienetücher zum Händereinigen mitnehmen. Bei der **Vogelflugschau** am Vormittag gibt es weniger Zuschauer, man findet bessere Plätze und sieht mehr.
Hunde dürfen nicht in den Park, auch nicht an der Leine.

Rutschen macht Spaß!

25

5 Skifahren für Zwergerl

Weiße Pracht und zwei Bretter unter den Füßen

Auch wenn es mit der Münchner Winter-Olympiade 2018 nicht geklappt hat, eines ist sicher. München und seine Umgebung ist eine Nation der Skifahrer. Sogar mitten in München gab es ein paar Saisonen lang einen Skilift, der leider nur aufgrund hoher Auflagen der Stadt wieder eingestellt werden musste. Seit einiger Zeit ist es geradezu »in« winterliche Sportevents wie Langlaufen oder Snowboarden mitten in das Zentrum zu holen. Und jetzt wollen ihre Kinder auch Skifahren lernen?

■ **Anfahrt:** Von München über Bad Tölz nach Lenggries, dort Beschilderung zum Brauneck und an den Jaudenhang folgen.

■ **Öffnungszeiten:** Sobald die Schneelage es zulässt: Täglich von 10.30–12 Uhr und von 13–14.30 Uhr, am Wochenende, Feiertags und in den Ferien 10–16 Uhr

■ **Preise:** 1 Stunde Liftticket: 5 Euro, 1 Stunde Zwergerl-kurs: 20 Euro, jede weitere Stunde an diesem Tag: 16 Euro

■ **Altersempfehlung:** Ab 4 Jahren.

■ **Einkehr:** Eine Skihütte steht bereit.

■ **Info:** Am Jaudenhang, 83661 Lenggries, Tel. 08042/97 49 70, www.villa-lustig.de

Das klappt sehr gut in der Villa Lustig im Skizirkus des Braunecks. Am Fuße des Jaudenhangs ist auf einem riesengroßen Areal ein wahres Kinderparadies entstanden. Hier kann man seine Kleinsten zu einem Skikurs anmelden oder, wenn sie bereits ein bisschen Vorkenntnisse haben, alleine durch die fantasievolle Schneewelt schicken. Förderbänder, Seillifte oder das Kidimobil stehen zum einfachen Transport zur Verfügung. In der Starter-, Pisten- oder Crossarena lernt man schnell die ersten Kurven. Die Eltern können, sofern die Kinder in einem Kurs angemeldet sind, in der Zwischenzeit spazieren, selbst mit ihren Brettern das Brauneck verunsichern oder einfach nur zu sehen. Mit Sicherheit ein gelungener Wintertag an der frischen Luft.

Wir haben auch eine Auswahl an weiteren Skigebieten mit kleinen Liftanlagen, die sich besonders für Skianfänger eignen, zusammengestellt:

■ **Skilift Peretshofen** bei 83623 Dietramszell, Tel. 08027/547. Flacher, sonniger Hang mit Seillift. Sehr gemütlich und überschaubar.

■ **Skilift Kreuzmöslberg** bei Aufkirchen, 82335 Berg am Starnberger See, Tel. 08151/56 42. Ein mittellanger Seillift.

■ **Skilift am Waldsportpark** bei 85560 Ebersberg, Tel. 08092/200 81. www.waldsportpark-ebersberg.de; kleiner Seillift, super günstig.

Tipp
Natürlich gibt es in den oberbayerischen Skigebieten noch jede Menge mehr **Skilifte**. Wir haben bewusst die kleineren, traditionellen aus dem Münchner Umland ausgewählt, die auch kostengünstiger sind.

■ **Skilift Monte Kienader**, Günding bei 85262 Bergkirchen, Tel. 08131/719 62. www.monte-kienader.de; zwei Seillifte, sogenannte Bügelumlauflifte, mit einem Anfänger-Zwergerl-Lift. Es gibt Beschneiung.

■ **Ötzlifte**, Pessenbach bei Kochel, Tel. 08851/51 45. www.oetzlifte-kochel.de; sehr gut für Familien mit großen und kleinen Kindern geeignet. Unten gibt es einen Handzieher, die Größeren kommen mit zwei Schoppliften hoch hinaus.

■ **Beuerberg**, Ortsrand von 82547 Beuerberg, Tel. 08179/57 05. www.skischule-beuerberg.de; netter Liftbetrieb mit Schlepplift.

■ **Hirschberglifte** bei 83708 Kreuth im Weißbachtal/Tegernsee. Tel. 08029/434. www.hirschberglifte.de; super für die ganze Familie, denn unten gibt es flache Lifte für die Zwergerl, während der Schlepplift im oberen Teil eine »schwarze Abfahrt« bereithält.

■ **Skilift Sonnenbichel** bei 83707 Bad Wiessee, Tel. 08022/662 90. www.bad-wiessee.de

Ein Helm sollte für die Zwergerl Pflicht sein.

6 Western-Stadt Rai in Dasing

Echte Cowboys und Rothäute

Ein Tag in einer typischen Western-Stadt. In Rai City gibt es viele Vorführungen und Shows, die über den ganzen Tag verteilt sind. »Yippi Yeah, Yippi Ay Yeah« schallt es aus den Lautsprecherboxen um den kleinen Platz der Western-Stadt.

In der Mitte des Stadtplatzes steht lassoschwingend Randy in voller Cowboykluft, also mit Lederhose, Cowboyhut, Colt im Gürtel und natürlich spitzen Cowboystiefeln. Passend zur Musik springt er rhythmisch wie bei einem Tanz durch den immer größer werdenden Seilring seines Lassos. Die Menge klatscht begeistert mit. Nach 25 Hüpfern geht Randy langsam die Puste aus, aber das Publikum zählt weiter und feuert ihn an. Darauf schwingt er sein Lasso hoch und lässt es nun über dem Kopf kreisen. Jetzt sind die Kinder dran. Sie dürfen sich unter dem Lasso versammeln, und Randy lässt es haarscharf über ihre Köpfe sausen. Kaum ist die Vorstellung beendet, gehen wir in den Souvenirladen und erstehen erst einmal

■ **Anfahrt:** Mit dem Auto: Von München auf der A 8 Richtung Augsburg, Ausfahrt Dasing. Die Western-Stadt liegt direkt an der Autobahn und ist ausgeschildert. Parkplätze vorhanden.
■ **Öffnungszeiten:** Von Ostern bis Oktober täglich 10–18 Uhr, Montag Ruhetag, in den bayerischen Schulferien täglich.
■ **Preise:** Kinder: 7,50 Euro, Erwachsene: 9,50 Euro, Familienkarte: 29 Euro.
■ **Altersempfehlung:** Ab ca. 2 Jahre, auch gut mit Kinderwagen zu befahren.
■ **Einkehr:** In der Western-Stadt gibt es den großen Longhorn Saloon, wo man gut und zu fairen Preisen essen kann. Davor im Freien stehen mehrere Bänke und Tische, allerdings weist ein großes Schild darauf hin, dass keine mitgebrachten Speisen verzehrt werden dürfen. Im Mexico Café gibt es Süßes, Eis, Kaffee und Kuchen.
■ **Info:** Fred Rai Western-City Dasing, an der A 8 Ausfahrt Dasing, 86453 Dasing bei Augsburg, Tel. 08205/225, www.western-city.com

Cowboyhüte und ein Lasso. Die Holzhäuser um den kleinen Stadtplatz erinnern an einen Westernfilm. Es gibt ein Gefängnis, ein kleines Museum, diverse Shops und einen Fotografen, ein Sheriffbüro und den großen »Longhorn Saloon«. Hier finden im Abstand von 45 Minuten die meisten Vorführungen statt. Alle Angestellten, Akteure und Mitarbeiter sind kostümiert. So zieht der lustige alte Goldgräber Fuzzy mit einem Esel seine Runden und legt bei einem Westernlied noch ein paar Tanzschritte auf das sandige Parkett.

Nun lockt aber ein Rundgang über das Gelände. Entweder gehen wir zu Fuß oder wir nehmen den zu einer Eisenbahn umgebauten Traktor. Es gibt einen Friedhof, eine mexikanische Kirche, ein Indianerdorf, Trapperhütten und einen unheimlichen, dunklen Bergwerkstollen. Für einen Euro extra reiten wir eine Runde auf dem Pferd. Im Wigwam können wir mit Pfeil und Bogen schießen und auf dem Stadtplatz unser Glück im Hufeisenwerfen versuchen. Schon ist es wieder Zeit für die nächste Show. Rodeospiele, Peitschenknallen und noch mal Lassokünste. Und nun muss auch Fuzzy auf die Bühne, als lebendiges Ziel für den Messerwerfer Ley Randy. So geht es jetzt Schlag auf Schlag. In der großen angegliederten Reithalle findet eine Vorführung in der Kunst des trensenlosen Reitens statt. Diese Reitmethode ohne jegliches Zaumzeug hat Fred Rai entwickelt. Dabei lenken die Reiter ihre Pferde nur mithilfe eines kleinen Seils mühelos in die gewünschte Richtung.

> **Tipp**
> Die süddeutschen **Karl-May-Festspiele** haben sich mittlerweile zu einem großen Kulturspektakel etabliert, die Tickets sind heiß begehrt und die Besetzung ist hochkarätig. Sie finden in den Sommermonaten Juli bis September am Wochenende statt. Mehr Informationen unter www.karlmay-festspiele.de.

Besonders beliebt sind auch Festivals oder Musiktage an Wochenenden. Dann verwandelt sich die Freilichtbühne in einen Marktplatz oder in eine Kulturbühne. Die Veranstalter lassen sich immer wieder etwas Neues einfallen.

Lässig wirbelt der Cowboy sein Lasso.

7 Fossiliensuche im Altmühltal

Für geologische Forscher und Schatzsucher

Nicht erst seit dem Film »Jurassic Park« sind Kinder von Dinosauriern fasziniert. Und Wörter wie Tyrannosaurus Rex, Triceratops, Compsognathus oder Archaeopteryx können sie genauso perfekt aussprechen wie sie die entsprechenden Dinosaurier erkennen.

Hier im Altmühltal besteht die Möglichkeit, selbst in der Urzeit zu forschen und nach Dinosauriern und Versteinerungen zu graben. Vor 140 Millionen Jahren lebten Flugsaurier und Urvögel an den Ufern des an Krebsen, Raubfischen und Wasserpflanzen reichen Jurameeres. Das Meer trocknete aus und konservierte die abgestorbenen Tiere und Pflanzen in seinem Schlammboden. Der Schlamm wurde im Laufe der Zeit zu Stein und die Formen der darin eingeschlossenen Flora und Fauna platt gepresst und für immer verewigt. Bisher sind nur zehn Exemplare des Urvogels Archaeopteryx gefunden worden, und alle stammen aus dem Altmühltal. Der

■ **Anfahrt:** Mit dem Auto: Auf der A 9 Richtung Ingolstadt, Ausfahrt Ingolstadt Süd, der Beschilderung nach Eichstätt ins Altmühltal folgen. In Eichstätt liegt die Steingrube auf den Anhöhen des nördlichen Altmühltalufers im Ortsteil Blumenau. Leider ist es schlecht beschildert.
■ **Öffnungszeiten:** Meist von April bis Oktober täglich von 11–16 Uhr.
■ **Preise:** Kinder: 1 Euro, Erwachsene: 2 Euro, Familienkarte: 5 Euro.
■ **Altersempfehlung:** Ab ca. 4 Jahre.
■ **Einkehr:** Im Steinbruch ist ein kleiner Kiosk, der Eis, Kaffee, Getränke und verschiedene Kuchen verkauft. Hier gibt es auch Toiletten und Wasser zum Händewaschen und Reinigen der Werkzeuge. Schön ist auch ein Picknick im Steinbruch selbst. In Eichstätt gibt es jede Menge Cafés und Eisdielen oder Wirtshäuser. Besonders nett ist das Café »Im Paradeis« am Marktplatz 9 in einem schönen Bürgerhaus.
■ **Info:** Fossiliensteinbruch Kinderdorfstraße, Blumenberg bei Eichstätt, Tel. 08421/98 76–0, www.naturpark-altmuehltal.de

Zufall, einen solch großen Treffer zu landen, kommt zwar einem Sechser im Lotto gleich, aber trotzdem finden wir hier jede Menge Wunderwerke der Urnatur. Überall gibt es farbenfrohe, filigran verästelte Einschlüsse, die Dendriten.

Viele nehmen an, es sind Versteinerungen von Meeresschwämmen, Moosen und Farnen, denen sie zum Verwechseln ähnlich sehen. In Wirklichkeit handelt es sich »nur« um später eingedrungenes mangan- und eisenhaltiges Wasser, das sich in den Spalten der Solnhofner Plattenkalke festsetzte. Diese Pseudofossilien sind jedoch überaus schön und vielfältig, und es ist eine wahre Freude, immer wieder neue und andersartige zu finden. Mit ein bisschen Glück, und vor allem mit einem etwas geübten Auge, finden wir genau dort auch die Haarsterne, Seelilien genannt. Deren Kopf sieht manchmal wie ein klarer Kristall aus und besteht aus reinem Calcit. Auch kleine Ammoniten können wir finden. Unsere Trefferquote war enorm hoch. Der Tipp, an den möglichst tiefen Stellen im Steinbruch zu graben, war sehr hilfreich.

Es gibt noch viele weitere interessante Fund- und Sammelstellen für Fossilien im Altmühltal. Wir nennen hier nur die drei, die wir selbst ausprobiert haben und wo wir fündig geworden sind:

■ **Fossiliensteinbruch Mühlheim**, Tagmersheimerstr. 11a, 91804 Mörnsheim: kostenpflichtig, Werkzeugverleih. Es ist auch meist eine Fachkraft vor Ort, die einen in die Arbeit einweist und beim Präparieren helfen kann.

■ **Sammelstelle Titting**, nördlich von Eichstätt in 85135 Titting: kostenfrei, besonders viele

»Steinreich« kommen wir nach Hause.

Der nachgebaut Römertum in Tittling

Ammonite und Muscheln. Danach noch Besichtigung des Römerturmes am Limes möglich.

■ **Steinbruch Haardt** oberhalb von Solnhofen im Steinbruchgebiet: gebührenpflichtige Bezahlung vorab im Museum Bürgermeister Müller Solnhofen. In der Gebühr ist mit der Kombikarte auch der Museumseintritt dabei.

Tipp

Suchen Sie auf keinen Fall an heißen Sonnentagen. Der Steinbruch ist ein **Glutofen** und die hellen Solnhofner Platten sind ein Garant für Sonnenbrand. Am Steinbruchkiosk kann man sich zwar **Hammer und Meißel** ausleihen, aber praktischer ist es, alles dabeizuhaben. Empfehlenswert ist eine stabile (Bau-)Wanne zum Heimtransportieren der Steinfunde, Zeitungspapier zum Einwickeln und Schützen, ein langer Meißel zum Lösen großer Platten, eventuell Schutzbrille und eine lange Schaufel, dann kann man neue Platten besser freilegen.

Auch wenn wir staubig und lehmverschmiert sind, lohnt sich nach der Fossilienjagd ein Spaziergang durch die alte **Bischofsstadt Eichstätt**. Sehenswert ist die Willibaldsburg mit dem Juramuseum, das einen Archaeopteryx beherbergt. Der Dom ist vor allem für die Erwachsenen ein Kunstgenuss. Dort hinein locken wir die Kinder zu den farbenfrohen »Monster«-Glasfenstern von Hans Holbein. Das Gemälde zum »Jüngsten Gericht« ist wirklich gruselig. Rund um den Dom hat sich ein schönes Stadtbild erhalten und nach einem Bummel durch die Gassen fahren wir mit Sicherheit »steinreich« nach Hause.

Der 9 Kilometer lange **Eichstätter Fossilienpfad** führt am Steinbruch, dem Juramuseum und dem Berger Museum vorbei. Er streift auch einen industriell genutzten Steinbruch und die renaturierten Abbruchhalden.

Bauernhofmuseen in Schliersee und Amerang

8

Leben wie vor 100 Jahren

Das Markus Wasmeier Bauernhofmuseum liegt im Ortsteil Fischhausen am Schliersee, und auch in Amerang gibt es ein schönes Bauernhausmuseum. Wie bei einer Zeitreise fühlen wir uns um 100 Jahre in der Geschichte zurückversetzt.

■ **Anfahrt:** Bauernhofmuseum Amerang: Mit dem Auto: Auf der B 304 Richtung Wasserburg/Traunstein, nach Wasserburg bei Stephanskirchen rechts Abfahrt nach Amerang. Der Weg zu den Museen ist ausgeschildert. Alternativ auf der A 8 Richtung Salzburg, Ausfahrt Bernau/Prien, über Bad Endorf nach Amerang. Wasmeier Museum: Mit dem Auto: Salzburger Autobahn A 8, Ausfahrt Weyarn, auf der B 307 über Miesbach und Hausham bis zum Schliersee. Parkplätze am Bahnhof. Mit der Bahn: Von München über Holzkirchen/Miesbach Richtung Bayrischzell, Haltestelle »Schliersee«.

■ **Öffnungszeiten:** Bauernhausmuseum Amerang: Von Ende März bis Anfang November Dienstag bis Sonntag 9–18 Uhr, montags geschlossen, an Feiertagen jedoch geöffnet. Wasmeier Museum: April bis November täglich von 9–17 Uhr, montags Ruhetag.

■ **Preise:** Bauernhausmuseum: Kinder (6–15 Jahre): 1,50 Euro, Erwachsene: 4 Euro, Familienkarte: 8 Euro. Wasmeier Museum: Kinder (bis 8 Jahre): frei, Jugendliche (8–16 Jahre): 4 Euro, Erwachsene: 7 Euro.

■ **Altersempfehlung:** Ab ca. 5 Jahre.

■ **Einkehr:** In jedem der beiden Freilichtmuseen sitzt man wunderschön in Biergärten oder wie am Schliersee im Gasthaus »Zum Wolfen« mitten zwischen den alten Bauernhäusern des Freilichtmuseums. Hier gibt es kleine Gerichte und selbst gebackenen Kuchen. Vor den historischen Häusern kann man gut an Bänken seine mitgebrachte Brotzeit genießen.

■ **Info:** Bauernhausmuseum Amerang, Im Hopfgarten 2, 83123 Amerang, Tel. 08075/915 09–0. Markus Wasmeier Bauernhof- und Wintersportmuseum e. V. Brunnbichl, 83717 Schliersee, Tel. 08026/716 69. Gästeinformation Schliersee, Tel. 08026/606 50; www.bhm-amerang.de www.wasmeier.de

Das Mühlstein drehen war wohl Schwerstarbeit.

Das Markus Wasmeier Bauernhofmuseum ist noch brandneu und wurde erst im Sommer 2006 eröffnet. Fünf restaurierte Höfe stehen dem Besucher hier offen, und das nachgebaute altbayerische Dorf ist fast komplett. Wie bei einer Zeitreise werden wir um 100 Jahre in der Geschichte zurück-katapultiert. Wir wandeln durch ein typisches Dorf aus dem oberländischen Alpenraum mit Dorfweiher, Mühle, Bauernhäusern und natürlich einer Wirtschaft. Das Besondere daran ist, dass die Höfe das ganze Jahr über bewirtschaftet werden und Mitarbeiter in den Häusern Leben einziehen lassen. Es gibt jede Menge Tiere, vor allem seltene und vom Aussterben bedrohte Haustierrassen: Gänse, Hühner, Geflügel, Schweine, ein Esel, Schafe und drei Grauviecher. In den Bauerngärten wachsen alte heimi-sche Gemüsesorten, und überall dürfen wir als Gäste mit dabei sein. Während des Besuches sind vor allem Kinder herzlich eingeladen, aktiv mitzuhelfen: beim Buttern, Brotbacken, Tierefüttern, Kräuterprobieren, Heuhupfen und bei allem, was sonst noch Spaß macht. Die Väter können unterdessen die hauseigene Schnapsbrennerei und Bierbrauerei testen, während sich die Mütter im Lukashof die Ausstellung zur Geschichte des Stroms ansehen und sich über die historischen Haushaltsgeräte amüsieren. Und dann gibt es noch ein Skimuseum. Hier überall dürfen wir den Alltag vergessen, Geschichten mitnehmen, die Faszination des Handwerks erleben und einfach ein wenig Freude mit nach Hause nehmen.

In Amerang gibt es ebenfalls ein schönes Bauernhausmuseum. Auf dem Weg durch das überschaubare Museumsgelände entdecken wir die Vielfalt der ländlichen Wohn- und Arbeitsgebäude und erfahren viel Wissenswertes über das Leben, die Arbeit und das Handwerk früherer Zeiten. Mehrere »Maschinen« und Geräte wie Mühlsteine können wir ausprobieren. Über zehn Gebäude, darunter ein großer Vierseithof und eine Mühle können besichtigt werden. An den Wochenenden gibt es viele Veranstaltungen besonders für Kinder: vom Ostereiersuchen über Kasperltheater, Volksmusiktage, Basteln für den Muttertag, Kindermaibaumfest mit Kranzbinden, Mühlentage, Butterstampfen oder Kartoffelernte. Das Angebot ist vielfältig und wechselt ständig.

Tipp

Jeden Donnerstag wird am Schliersee unter dem Motto **Vom Schaf zum Filz** im Museum Wolle gefilzt. Alle anderen Aktionen recherchieren Sie am besten vorab im Internet.

Ein herrlicher **Spielplatz** liegt direkt an der Bootsanlegestelle der Uferpromenade von Schliersee.

Das Markus Wasmeier Bauernhofmuseum lässt sich schön mit einer ca. 12 Kilometer langen **Radtour** verbinden. Das ganze Westufer des Schliersees ist verkehrsfrei, und am Ostufer gibt es Radwegmöglichkeiten. Wem das noch zu wenig ist, der kann sich im Freizeitparadies Schliersee austoben. Spielplätze, Rodelbahn am Schliersberg, Schifferlfahren auf dem See und und und …

Ein weiteres spannendes Bauernhofmuseum ist der **Jexhof**, 82296 Schöngeising bei Fürstenfeldbruck (Tel. 08153/932 50). Hier ist fast jeden Sonntag der Mitmach-Tag für Kinder mit einem vielfältigen pädagogischen Programm (**Info:** www.jexhof.de).

9 Im Maislabyrinth von Grasbrunn

Hilfe, wir haben uns verlaufen!

Niemals hätten wir geglaubt, dass man sich in einem Maislabyrinth tatsächlich verlaufen kann. Schließlich besuchen wir heute ja nur ein ganz normales Maisfeld von mittlerer Größe, in das ein paar Wege gefräst wurden.

■ **Anfahrt:** Mit dem Auto: Von München auf der A 99, Ausfahrt Haar, ein kurzes Stück Richtung Wasserburg, dann rechts nach Grasbrunn. Ab Grasbrunn ist das Labyrinth ausgeschildert, es liegt am südwestlichen Ortsrand.

■ **Öffnungszeiten:** Von Mitte Juli bis September, Montag bis Donnerstag und sonntags 10–20 Uhr, Freitag und Samstag 10–24 Uhr.

■ **Preise:** Kinder (bis 6 Jahre): 2 Euro, (6–13 Jahre): 3 Euro, Erwachsene: 4 Euro.

■ **Altersempfehlung:** Von 5–14 Jahre.

■ **Einkehr:** Es gibt einen kleinen Kiosk direkt am Maislabyrinth.

■ **Info:** Maislabyrinth Grasbrunn, Martin Hagn, Hohenbrunnerweg 15, 85630 Grasbrunn, Tel. 089/456 996 40, www.labyrinth-grasbrunn.de

In einem Maislabyrinth verlaufen? Wir doch nicht – dachten wir! Denkste!! Nach über zwei Stunden waren wir (oder besser gesagt: ich) eines Besseren belehrt. Ich muss zugeben, dass ich es als eine der wenigen, ehrlich gesagt, als Einzige unserer immerhin siebenköpfigen Testmannschaft nicht geschafft habe, alle 18 Aufgaben zu lösen. An verschiedenen Stationen hätte ich Stempel sammeln und Getreidesorten erraten müssen. Ich habe sie einfach nicht alle gefunden, oder die anderen waren zumindest besser. Obwohl ich bis dato glaubte, einen guten Orientierungssinn zu haben, war ich am Schluss immer wieder an derselben Stelle gelandet. Aber trotzdem – oder gerade deswegen – hatten wir alle unseren Spaß. Am besten zieht man in Zweiergruppen los. Immer ein größeres und ein kleineres Kind zusammen. Es gilt, verschiedene Stempel zu finden und Rätsel über Getreidesorten zu lüften. Dabei ist es von Vorteil, wenn ein Kind bereits lesen und schreiben kann.

Zu Anfang kann man sich einen kleinen Überblick verschaffen und auf ein metallenes Gerüstplateau klettern, das sich in der Nähe des Ein-

gangs zum Labyrinth befindet. (Immerhin, das habe auch ich entdeckt!) Ansonsten gilt einzig die Devise: Alle Wege
ablaufen, auch die Sackgassen, keine
Abkürzungen wählen, sich nicht in die
Irre führen lassen, selbstverständlich
keine Pflanzen ausreißen und ansonsten
suchen, suchen und nochmals suchen.
Und wenn zu guter Letzt die Kinder vor
lauter Begeisterung gar nicht mehr aus
dem Labyrinth herauskommen wollen,
dann hilft erneut der erhöhte Aussichts-
punkt und ein kräftiger Brüller mit der

> **Tipp**
> An einigen Tagen ist das
> Maislabyrinth auch abends
> bis ca. 24 Uhr geöffnet und
> kann im Fackellicht begangen
> werden. So eine **nächtliche
> Exkursion** ist natürlich beson-
> ders spannend und ein wenig
> unheimlich. Fackeln gibt es an
> der Kasse.
> Verbinden sie doch diesen
> Ausflug mit dem Besuch vom
> **Bergtierpark Blindham**
> (siehe Tour 4).

Bitte, dass sie umgehend zum Ausgang kommen sollen. Komisch, die Kinder finden ihn, nur ich nicht …

In Oberbayern gibt es noch einige weitere schöne Maislabyrinthe:

■ **Maislabyrinth Ex Ornamentis** in Utting
am Ammersee (www.exornamentis.de).
Einer der schönsten und größten Irr-
gärten in Bayern. Jedes Jahr werden
spektakuläre Motive aus den bepflanz-
ten Feldern gefräst. Sehr professionell.

■ **Maislabyrinth Johanniskirchen** an
der Kreuzung Savitstraße/Stegmühl-
straße östlich von München (www.hof-
reiter.de). Liebevoll gestalteter Irrgar-
ten, kombiniert mit dem Bärencafé und
Erdbeer- oder Heidelbeerfeldern zum
Selbstpflücken.

■ **Maislabyrinth Lochhausen**, Loch-
hausenerstraße, westlich von München
(www.hofreiter.de). Gehört wie das Labyrinth in Johanniskirchen zum Früch-
tebauern Hofreiter.

*Kinder haben einen natürlichen
Orientierungssinn.*

10 Wildfreizeitpark Oberreith

Der fröhliche Hirsch

Einmal Hirsch, Hängebauchschwein und Hasen hautnah begegnen – kein Problem im Wildpark Oberreith bei Wasserburg, der idyllisch zwischen freien Wiesen und dem Waldrand gelegen ist.

Der Wildpark Oberreith ist kleiner als seine Münchner Konkurrenz, der Wildpark Poing (siehe Tour 4). Aber gerade das macht ihn umso liebenswerter, familiärer und charmanter. Wir betreten das Gelände durch die große angegliederte Gastwirtschaft, in der wir auch gut essen können. Direkt vor dem Biergarten sind Spielgeräte und ein Spielplatz aufgebaut. Hier locken Riesentrampoline, Rutschen, Wippen, Schaukeln, Drehscheiben, Schwingseile, Sandkasten oder ein großes Bungee-Trampolin. Aber zuerst machen wir uns auf den Rundweg, um die Tiere zu besuchen. Bereits im Streichelzoo haben wir den ersten hautnahen Kontakt mit Hasen und

■ **Anfahrt:** Mit dem Auto: Von München auf der B 12 Richtung Mühldorf am Inn, bei Thambach/Gars geht es rechts Richtung Unter-/Oberreith. Der Weg zum Wildpark ist ausgeschildert.

■ **Öffnungszeiten:** Von März bis November täglich 9–18 Uhr, freitags Grillabend bis 22 Uhr, Mitte November bis Mitte März nur an Wochenenden von 10–17 Uhr. Bei schlechter Witterung können sich die Öffnungszeiten ändern.

■ **Preise:** Kinder (3–14 Jahre): 3,90 Euro, Erwachsene: 4,90 Euro

■ **Altersempfehlung:** Ab ca. 2 Jahre.

■ **Einkehr:** Zum Wildpark gehört die große Gaststätte »Wildpark Stub´n«. In den schönen, hellen Räumen kann man auch bei schlechterem Wetter nach seinem Rundgang gemütlich sitzen. Im Sommer sind die große Terrasse mit dem Kiosk und der Biergarten gut besucht. Es gibt Brotzeiten, selbst gemachte, leckere Kuchen und natürlich auch Pommes für Kinder.

■ **Info:** Wildpark Oberreith, Oberreith 6a, 83567 Unterreith, Tel. 08073/91 53 61, www.wildfreizeitpark-oberreith.de

Zwergziegen. Die seltenen Jakobsschafe und Heidschnucken sind zwar hinter Zäunen, kommen jedoch bereitwillig näher und lassen sich füttern und streicheln. Kurz vor dem Wald liegt das große Rotwildgehege. In dessen Mitte finden täglich um 15 Uhr (außer donnerstags) die Flugvorführungen eines Falkners statt. Er lässt die Greifvögel in den Himmel steigen und lockt sie anscheinend mühelos zurück.

Nun kommen wir in den schattigen, dichten Mischwald. In Gehegen und Volieren sind weitere Wildparkbewohner untergebracht: Füchse, Marder, Eulen, Turmfalken und eine große Anzahl verschiedenster Fasanarten. Der schon sehr schöne, aber doch nur zweifarbige Königsfasan macht den Anfang. Seine Artgenossen jedoch übertrumpfen sich gegenseitig mit ihrem Gefieder, so wie auch ihre Namen immer fantasievoller werden: Diamantfasan, Königsglanzfasan, Goldfasan – prachtvoller geht's kaum noch. Die Gehege der Woll- und Hängebauchschweine mit ihren Schlammpfuhlen sind der krasse Gegensatz

Der Esel ist alles andere als störrisch.

dazu. Doch die Kinder sind kaum von den lustigen Tieren wegzulocken, vor allem wenn viele Frischlinge durch die Rotten springen.

Kaum haben wir den Wald verlassen, lockt das Rutschenparadies und das offene Dammwildgehege. Esel und Pony folgen, ebenso einige neugierige Lamas. Während der Sommermonate öffnet der Wildpark seine Tore freitagabends länger. Die Wildpark Stub´n lädt zu einem Grillabend ein und nach Sonnenuntergang können wir in der neu erbauten Sternwarte die Himmelskörper am Firmament beobachten. Wem das zu spät wird, der kann sich untertags kindgerechte Lehrfilme über Astronomie ansehen. Jetzt sind wir am Ende unseres Rundgangs und die Kinder nun angesichts des wieder erreichten Spielplatzes nicht mehr zu bremsen. Gut, dass es direkt vor der Wildpark Stub´n eine große Terrasse und einen schönen Biergarten gibt.

Tipp
Eine brandneue Attraktion im Wildfreizeitpark: Der Waldseilgarten ist einer der größten Klettergärten Südbayerns mit 7 Parcours. Ab 6 Jahren geeignet für die untersten Level. Eigene Preise und Öffnungszeiten.

11 Im Märchenwald von Wolfratshausen

Bei Rapunzel, Hänsel und Gretel und der Oachkatzl-Bahn

Der Märchenwald von Wolfratshausen ist einer der ältesten in Bayern. 1968 gegründet, liegt er in einem vier Hektar großen, mit Föhren und Fichten bewachsenen Waldgelände.

»Rapunzel, Rapunzel, lass dein Haar herunter«, ruft die kleine Antonia nun schon zum x-ten Mal ins Mikrofon. Bereitwillig gehorcht Rapunzel. Langsam schiebt sich der Puppenkopf aus dem künstlichen Turm und ein langer, blonder Zopf wird zum holden Prinzen heruntergelassen. Die wenigen Meter bis zu dieser Station im Märchenwald von Wolfratshausen haben uns schon fast zwei Stunden gekostet. Selbst im Hochsommer ist es hier angenehm schattig unter den Bäumen. Kaum haben wir den Eingang, einen überdimensionalen Fliegenpilz, hinter uns, lockt der erste Spiel-

■ **Anfahrt:** Mit dem Auto: Garmischer Autobahn A 95, Ausfahrt Wolfratshausen, Richtung Wolfratshausen, an der B 11 links bis zur ersten Ampel, dann zweimal rechts und die erste Straße links. Parkplätze vorhanden. Mit der Bahn: Von München mit der S-Bahn S7 bis Endstation »Wolfratshausen«, weiter mit dem Bus in den Ortsteil Farchet.

■ **Öffnungszeiten:** Von Ostern bis Mitte Oktober täglich von 9–18 Uhr, Einlass bis 16 Uhr, bei Dauerregen geschlossen. Unter der Woche und außerhalb der Ferien sind die Fahrgeschäfte nur im 15-Minuten-Takt in Betrieb.

■ **Preise:** Nach Körpergröße: Ab 85 Zentimeter: 10 Euro, Erwachsene: 11 Euro, Omas und Opas ab 60 Jahre zahlen den 85-Zentimeter-Tarif. Beliebig viele Fahrten mit den Fahrgeschäften sind im Preis eingeschlossen.

■ **Altersempfehlung:** Ab ca. 2 Jahre.

■ **Einkehr:** Im Märchenwald gibt es zwei große Imbissbuden mit verschiedenen Gerichten und diverse Kioske. Viele Bänke bieten Platz für eine mitgebrachte Brotzeit.

■ **Info:** Märchenwald Wolfratshausen, Ortsteil Farchet, Kräuterstr. 39, 82515 Wolfratshausen, Tel. 08171/187 60, www.maerchenwald-isartal.de

Versunken in einem Bälle Bad

platz. Schaukeln, Rutschen, ein Traktor und ein großer Drache fordern ihre Zeit. Gleich danach gibt es die ersten Fahrgeschäfte. Eine gemütliche Hase-und-Igel-Bahn zieht ihre Kreise. Daneben können wir auf einer Mini-Eisenbahn gleich eine kleine Rundfahrt durch den Park machen. Und dabei fahren wir schon zum ersten Märchen: »Ali Baba und die vierzig Räuber«. Anmutig kreist die Bauchtänzerin mit ihren Hüften, während die Räuber ihre Säbel schwingen und Ali Baba sich in der Tonne versteckt. Das Märchen kommt vom Tonband, während sich die Lok langsam durch einen Eisenbahntunnel schiebt. Kaum haben wir den Bahnsteig wieder erreicht, lockt die nächste Attraktion. Ferngesteuerte Boote können über ein kleines Wasserbecken gelenkt werden. Die Kinder sind hin- und hergerissen und müssen sich zwischen diversen Fahrgeschäften und Märchen entscheiden. Aber zum Glück haben wir Zeit genug.

Unser Rundweg führt uns an allen 20 Märchenstationen vorbei. In kleinen, mit Fensterscheiben verschlossenen Holzbuden sind die verschiedenen Geschichten mit Puppen dargestellt und werden auf Knopfdruck vom Tonband erzählt. Dezent bewegen sich dazu die »Hauptdarsteller«, schütteln die Köpfe, rühren mit Kochlöffeln, bewegen Schaufeln und so mancher Hund wackelt mit dem Schwanz. In unserem digitalen Computerzeitalter wirken die Darstellungen schon ein bisschen altmodisch und angestaubt. Kinder stört das aber gar nicht, und auch Erwachsene haben

Tipp

Geburtstagskinder bis 14 Jahre haben bei Vorlage ihres Ausweises freien Eintritt. Bei Dauerregen ist der Park geschlossen. Hunde sind nicht erlaubt.

große Freude an den liebevoll kostümierten Figuren und den ausgeschmückten Kulissen. Die Geschichten sind knapp zusammengefasst, sodass wir sie auch alle anhören können. Zu Hause werden wir einige der Märchen wie »Rotkäppchen«, »Hänsel und Gretel«, »Das tapfere Schneiderlein«, »Die Bremer Stadtmusikanten« oder »Dornröschen« dann wohl noch einmal erzählen müssen. Kaum mehr wegzulocken sind die Kinder von den Karussellen, dem Blütenwirbel, der Wildsaureitbahn, den Elektrobahnen und Reitfiguren, den Bällebädern, den Riesenrutschen oder dem unheimlichen Abenteuer-Spielhaus-Labyrinth, die den Rundweg auflockern.

Von diesen Fahrgeschäften ist die Oachkatzl-Bahn wohl die wildeste Attraktion und nur für größere Kinder geeignet. Das überdimensionale Eichhörnchen flitzt auf einer Achterbahn im Kreis. Immerhin mit 55 km/h. Da kann einem schon schwindelig werden. Nach dem Rundgang ist man als Erwachsener froh über die Parkbänke am Ausgang. Von hier können wir unsere Sprösslinge beim abschließenden Toben auf dem Spielplatz gut im Auge behalten. Ein rundum gelungener Tag mit Spaß für die ganze Familie.

Die Hexe bei Hänsel & Gretel ist ganz schön schaurig.

Am Blomberg bei Bad Tölz

12

Sommerrodelspaß

Gut gesichert am Bungee-Trampolin

Der Blomberg, der Zwiesel und der Heigl-kopf gehören trotz ihrer eher niedrigen Gipfel, die nur zwischen 1250 Meter und 1350 Meter hoch sind, zu den beliebten Münchner Vorbergen.

■ **Anfahrt:** Mit dem Auto: Garmischer Autobahn A 99, Ausfahrt Sindelsdorf, Beschilderung nach Bad Tölz folgen. Der Blomberg liegt direkt an der B 472 zwischen Bad Heilbrunn und Bad Tölz. Kostenloses Parken auf großem Parkplatz. Mit der Bahn: Von München nach Bad Tölz, Haltestelle »Tölz«, weiter mit dem Bus Richtung Penzberg/Benediktbeuren oder Kochel, Haltestelle »Blomberg«.

■ **Öffnungszeiten:** Sessellift täglich 9–17 Uhr, Rodelstrecke (witterungs-abhängig) 10–17Uhr.

■ **Preise:** Sommerrodelbahn: Fahrt bis Mittelstation inklusive Rutschen: Kinder (6–14 Jahre): 3,50 Euro, Erwachsene: 4 Euro. Nur Rutschen für Kinder und Erwachsene 3 Euro, Kinder unter 6 Jahre fahren gratis. Viele Kombi-nationsmöglichkeiten, 3er-oder 6er-Karten. Blomberg-Blitz: Kinder (ab 6 Jahre): 3,50 Euro, Erwachsene: 4 Euro.

■ **Altersempfehlung:** Kinder ab 8 Jahre dürfen alleine rodeln. Die Jüngeren fahren auf dem Schoß der Eltern mit.

■ **Einkehr:** Berggasthof Blomberghaus, ca. 10 Min. von der Bergstation entfernt. Große Sonnenterrasse und bayerische Küche. Am Fuß des Blom-bergs gibt es die Blombergtenne mit Biergarten und Après-Berg- oder Ski-Stimmung.

■ **Info:** Blombergbahn am Blomberg bei Bad Tölz, 83646 Bad Tölz, Tel. 08041/37 26, www.blombergbahn.de

Erst mit acht Jahren dürfen Kinder alleine rodeln.

Und das hat seine Gründe! Erstens gibt es den verlockenden Doppel-
sessellift, der einen bequem bis zur Bergstation bringt. Zweitens hat man
von jedem Gipfel eine schöne Aussicht. Drittens gibt es eine große Berg-
gaststätte mit sonniger Terrasse und Wiese davor. Viertens sind die Wege
gut ausgebaut, nicht gefährlich und sehr sicher. Und fünftens locken die
Sommerrodelbahnen. Mit Sicherheit gäbe es noch jede Menge mehr posi-
tive Aspekte für diese Tour. Der Vorteil des Sessellifts liegt auf der Hand:
Je nach Kondition der Kinder kann man sich ganz hinauffahren lassen und
oben bei einem Rundgang alle drei Gipfel erklimmen. Das schaffen auch

Kinderbeine, aber trotzdem ist es eine beachtliche Leistung. Noch kleinere Kinder marschieren nur bis zum Blomberghaus und von dort bis zur Mittelstation abwärts. Je nach Kondition und Tageslaune kann der Gipfelsturm auch vom Blombergparkplatz aus beginnen. Als »Zuckerl« für die fleißigen und ausdauernden Bergstapfer winkt am Ende der Tour die rasante Abfahrt mit der Sommerrodelbahn zurück ins Tal.

Falls eine Familie wenig Zeit hat und nur rutschen möchte, kann sie jederzeit Lift- oder Punktekarten lösen und bereits an der Mittelstation aussteigen. Wenige Meter darunter beginnt die 1226 Meter lange Rodelbahn, bei der es fast 220 Höhenmeter in die Tiefe geht. Das ist nicht zu schnell, aber wer vor den Kurven nicht abbremst, könnte durch die Zentrifugalkraft schon aus der Eternitbahn gehoben werden. Die schnellen Fahrer sollten immer viel Abstand zu ihren Vordermännner halten. Sonst werden sie unweigerlich mitten auf der Strecke durch Schneckentempofahrer ausgebremst.

Ganz neu ist der Blombergblitz, eine ganzjährige Sommerrodelbahn, zu der wir noch nicht mal hoch auf einen Berg hinauf müssen. Die Alpenachterbahn schlängelt sich über Steilkurven, Jumps, Kamelrücken und Twister am Hang neben der Talstation hinunter. Der bis zu 40 km/h schnelle Schlitten läuft fest auf 500 Meter langen Schienen, aus denen wir gar nicht herausfallen können. Trotzdem sind Bremsen vorhanden und für Schlechtwetterzeiten sogar Acrylglas-Regenhauben, die uns vor Nässe und Fahrtwind schützen. Am Zielhang neben den Lifthäuschen gibt es noch einen Spielplatz, ein Bungee-Trampolin, Kindergokarts und lustige Wasserspiele. Hier kann man den Tag schön ausklingen lassen.

Tipp

Der **Blomberg** ist auch im Winter ein beliebtes Ausflugsziel. An den Liftanlagen können wir Skifahren und Snowboarden, und es ist eine klassische Winterrodelbahn für Schlitten und Bobs vorhanden. Im Sommer gibt es seit Neuestem auch einen Hochseilgarten. Der Waldseilgarten liegt am Gipfel.

Vom Blomberg starten jede Menge **Gleit- und Drachenflieger**. Sie landen am nahen Stallauer Weiher. Auch wenn Geduld gefragt ist, bis alles aufgebaut oder ausgebreitet ist, die Starts der Luftakrobaten sind schön anzusehen. Familien können im nahen Bad Heilbrunn besonders gut im **Gasthaus Kronschnabel** neben der Kirche essen. Hier sind Kinder noch willkommen und werden sehr freundlich und zuvorkommend behandelt. Es gibt einen kleinen Spielplatz.

13 Benediktbeuern

Im Kloster ist was los

Stolz reckt Kloster Benediktbeuern seine zwei Zwiebeltürme aus dem Loisachmoor gegen den mächtigen Bergrücken der Benediktenwand. Und dazu hat es allen Grund, denn auch kunsthistorisch ist es ein wahres Kleinod.

Bereits der große barocke Klosterinnenhof mit seinen mächtigen Arkadengängen lockt zu einem Rundgang. Wer seine Kinder dazu motivieren kann, sollte unbedingt eine Klosterführung zum Alten und Neuen Festsaal sowie der Bibliothek einplanen. Aber auch ohne Führung gibt es rund um Benediktbeuern so viel zu erleben, dass ein Tag kaum ausreicht. Die bezaubernden Gärten mit Kräuterschnecke und Bodenmosaiken, das große Meditationslabyrinth, der neu renovierte Meierhof, in dem das Zentrum für Umwelt und Kultur liegt, die Fraunhofer Glaswerkstätten und das Trachteninformationszentrum lassen die Zeit rasch vergehen.

■ **Anfahrt:** Mit dem Auto: Auf der Garmischer Autobahn A 95, Ausfahrt Penzberg/Iffeldorf, Richtung Bichl/Bad Tölz, dann nach Benediktbeuern. Der Weg zum Kloster ist ausgeschildert, großer, kostenloser Parkplatz vorhanden. Mit der Bahn: Von München Richtung Kochel, Haltestelle »Benediktbeuern«, 5 Min. Fußweg bis zum Kloster.

■ **Öffnungszeiten:** Fast immer geöffnet.

■ **Preise:** Kostenlos, die Veranstaltungen im ZUK haben unterschiedliche Preise.

■ **Altersempfehlung:** Ab ca. 3 Jahre. Das Museum ZUK ist ab ca. 6 Jahre.

■ **Einkehr:** Klosterbräustüberl Benediktbeuern mit Biergarten. Unweit vom Bahnhof liegt ein wenig versteckt, aber besonders romantisch und idyllisch »Otti's Eisgarten« (Ignatz-Günther-Str. 2), unser Geheimtipp!

■ **Info:** Kloster Benediktbeuern, Don-Bosco-Str. 1, 83671 Benediktbeuern, Tel. 08857/880, www.kloster-benediktbeuern.de, www.benediktbeuern.de; Zentrum für Umwelt und Kultur ZUK, Meierhof, 83671 Benediktbeuern, Tel. 08857/887 77, www.zuk-bb.de

Ganz toll finden alle Kinder die Natur-biotope hinter dem großen Parkplatz, die man am besten mit einem Spazier-gang erreichen kann. Die links und rechts des Weges angelegten Feucht-biotope erreicht man über hölzerne Stege und Bretter. Hier tummelt sich alles, was im Moor Rang und Namen hat. Frösche selbstverständlich, aber es gibt auch jede Menge Krabbelgetier, Schlangen, Echsen, Schmetterlinge, Vögel, Fledermäuse und Insekten, für die man sogar Insektenhotels errichtet hat. Besonders interessant ist das Ganze in Verbindung mit einer Veran-staltung des ZUK. Vor allem Kindern ab 8 Jahren macht die Fledermaus-Nacht-wanderung großen Spaß.

Unter www.bad-toelz-wolfratshausen. bund-naturschutz.de werden im Winter Exkursionen zu Biberschauplätzen or-ganisiert. Die in der Nähe fließende Loisach ist eines der Rückzugsgebiete des heimischen Bibers. Seine Spuren lassen sich im Schnee leichter entdecken, denn normalerweise ist das nachtaktive Wassertier eher menschenscheu und schwer zu finden. In einer geführten Gruppe haben wir die Möglichkeit viel Wissenswertes über die Lebensweise der Biber zu erfahren.

Tipp

Das **Zentrum für Umwelt und Kultur (ZUK)** ist ein Zusam-menschluss mehrerer unab-hängiger Projekte. Es gibt eine umfangreiche Bibliothek, ein Museum mit Schwerpunkt Natur- und Umweltschutz und Tagungsräume. Man kann übernachten, und es gibt das ganze Jahr jede Menge span-nende, offene Veranstaltun-gen, vor allem für Kinder. Am besten vorab im Internet recherchieren und dann auf Vogelstimmenjagd, Fleder-mausabende, Froschkonzerte, Töpferkurse, Kochelmoor-Dschungeltrips gehen oder auf Tom Sawyers Spuren wandeln. Anmeldeschluss ist stets eine Woche vor der Veranstaltung.
Benediktbeuern hat ein wun-derschönes großes **Alpen-warmbad**, das in den Sommer-monaten heiß begehrt ist und für Abkühlung sorgt.

Ganz nah an der Natur

14 Im Freilichtmuseum Glentleiten

Zeitreise ins vergangene Jahrhundert

Das wohl bekannteste Freilichtmuseum Bayerns, die Glentleiten, liegt auf einem Hügel unterhalb des Herzogstandes. Von der kleinen Anhöhe hat man einen wunderbaren Blick weit über das Kochelseemoor bis nach Schlehdorf, Bichl und Benediktbeuern, eingerahmt von den letzten Ausläufern der Münchner Vorberge.

Auf dem großzügig angelegten Museumsareal finden sich große Bauernhäuser, Kleinhäuser, Nebengebäude, Mühlen, Sägewerke, Almen, aber auch Kalköfen und vieles mehr. Die denkmalgeschützten oberbayerischen Gebäude wurden mühsam an ihren alten Standorten abgetragen, denn

■ **Anfahrt:** Mit dem Auto: Garmischer Autobahn A 95, Ausfahrt Kochel, Richtung Kochel. Großweil ist gleich der nächste Ort. Der Weg nach Glentleiten ist rechts den Berg hinauf ausgeschildert. Genügend Parkplätze vorhanden. Mit der Bahn: Von München nach Kochel, weiter mit Bussen.

■ **Öffnungszeiten:** Von März bis November dienstags bis sonntags 9–18 Uhr. Montags von Juni bis einschließlich September sowie an Feiertagen geöffnet.

■ **Preise:** Kinder (6–15 Jahre): 2 Euro, Erwachsene: 7 Euro, Familienkarte: 14 Euro.

■ **Altersempfehlung:** Vom Kleinkind bis zu 12-Jährigen. Die Kleinen erfreuen sich an den Tieren, die Größeren interessieren sich für alte Handwerkstechniken.

■ **Einkehr:** Im Kramerladen der Glentleiten werden kleine Brotzeiten, Kaffee und Kuchen verkauft, die man draußen vor dem Hofe auf Bänken genießen darf. Im Starkerer Stadel gibt es zudem eine große Museumsgaststätte ebenfalls mit Biergarten und Kinderspielplatz. Außerhalb des Gelände aber ganz in der Nähe liegt der Gasthof Kreutalm, von dessen Terrasse man einen weiten Blick über das Kochler Moor hat.

■ **Info:** Freilichtmuseum Glentleiten, 82439 Großweil, Tel. 08051/18 50, www.glentleiten.de

Frisch gebackene »Auszogne« gibt es vor allem an Kirchweih im Herbst.

dort konnten sie nicht mehr bewohnt werden oder mussten Neuem weichen. Auf der Glentleiten fanden sie ein neues Zuhause und wurden liebevoll, sorgfältig und möglichst originalgetreu wieder aufgebaut. In dieser historischen Umgebung können wir das Leben und die Arbeit der Bauern und Handwerker aus längst vergangenen Zeiten nachvollziehen. Über sandige Wege und schmale Steige sind die einzelnen Attraktionen miteinander verbunden. Begleitet von gurrenden Tauben und grunzenden Schweinen begegnen wir noch vielen anderen Tieren. Da schwimmen Karpfen unter Enten und Gänsen im Weiher, Forellen gibt es am Mühlbach, Schafe und Ziegen werden hinter kunstvoll geflochtenen Weidezäunen gehalten und auf der steilen Almwiese lassen sich Kälber das frische Gras schmecken. Meist sind es seltene und alte Haustierrassen, die man nachzuzüchten versucht.

Das Besondere am Glentleitener Museumskonzept ist das aktive Miterleben und Erlernen alten Wissens und alter Traditionen. Deshalb gibt es immer wieder, vor allem an Wochenenden, erfolgreiche Veranstaltungen. Handwerker, die sich auf historisches Arbeiten spezialisiert haben, führen ihre Künste vor. An verschiedenen Wochentagen arbeiten Weber, Korbflechter, Töpfer, Schreiner, Lederhosenflicker, Seiler, Klöppler, Spinner, Schindlmacher, Sattler und viele mehr. Es gibt Imkertage, Ostermärkte, Volksmusik, Mühlentage, Kräutertage, Köhlertage, Apfeltage, Korbflechter-

Die alten Häuser sind eine wahre Idylle.

Tipp

Über das Internet können Lehrer **Aktivprogramme für Schulklassen** buchen. Dabei wird nicht nur anschaulich Wissen vermittelt, es gibt auch viele Mitmach-Aktionen. Unter dem Motto »Mahlzeit« darf gebuttert oder bei »Es werde Licht!« Feuer entzündet werden.

Der Besuch des **Museums** ist tagesfüllend. Auf dem weitläufigen, verkehrsfreien Gelände vollbringen wir eine kleine Wanderung mit Bergblick. Dabei laufen die Kinder, ohne dass wir sie motivieren müssen, denn es gibt überall viel zu entdecken und zu lernen.

Im Freilichtmuseum gibt es ein schönes, über das Internet zu buchendes **Geburtstagsprogramm**. Die Kinder ziehen ohne ihre Eltern nur mit einem Museumsführer auf einer Schatzsuche über das Gelände und müssen viele Rätsel lösen.

Für den **Christkindlmarkt** zu Anfang der Adventszeit öffnet das Museum noch einmal seine Pforten. Der Andrang ist jedoch sehr groß.

tage oder im Herbst die schöne Kirchweih sowie den beliebten Christkindlmarkt. An bestimmten Tagen darf Brot gebacken werden, oder man kann der Töpferin zusehen und Kurse belegen. Im Internet findet man unter »Veranstaltungen« ein breit gefächertes Angebot mit Kursen, die sich speziell an Kinder ab ca. 6 Jahre richten. Diese finden vor allem während der bayerischen Schulferien (auch an Ostern, Pfingsten und in den Herbstferien) statt. Dafür muss man sich jedoch verbindlich anmelden.

Die Kunst der Krippenfigurenschnitzerei wird am Christkindlmarkt gezeigt.

15 Walchenseekraftwerk in Kochel

Wie kommt der Strom in die Steckdose?

In Zeiten, in denen »grüner« oder in diesem Fall »blauer Strom«, also ökologisch aus Wasserkraft gewonnener und damit nachhaltig produzierter Strom immer wichtiger und interessanter wird, erlebt das Walchenseekraftwerk ein wahres Comeback.

Malerisch liegt Kochel zwischen den Bergen und dem gleichnamigen See, dem Zentrum unserer Tour. Der See ist ein Überbleibsel aus der Eiszeit und reichte ursprünglich über Benediktbeuren hinaus. Nach seiner Verlandung bildeten sich daraus die heutigen Moore. Über ihre ebene Fläche sehen wir bereits von Weitem die langen, grünen Fallrohre, die vom Kesselberg hinunter in den Kochelsee führen. Sie sind zu einem Wahrzeichen der Kochler Gegend geworden. Genaueres darüber erfährt man bei einem Besuch im Walchenseekraftwerk. Das hochmoderne Informationszentrum steht direkt neben dem denkmalgeschützten, alten Kraftwerk, das in Zeiten ökologisch produzierten Stroms ein wahres Comeback er-

■ **Anfahrt:** Mit dem Auto: Garmischer Autobahn A 95, Ausfahrt Kochel, Richtung Kochel am See. Das Kraftwerk liegt am Ortsende Richtung Kesselberg im Ortsteil Altjoch, genügend Parkplätze vorhanden. Mit der Bahn: Von München nach Kochel. Vom Bahnhof ist es eine schöne, einstündige Wanderung bis zum Kraftwerk.
■ **Öffnungszeiten:** Im Sommer täglich 9–18 Uhr, im Winter 9–16 Uhr.
■ **Preise:** Kostenlos.
■ **Altersempfehlung:** Die Stromerzeugung interessiert manche Kinder schon mit 6 Jahren. Die Wanderung dauert ca. 1,5 Stunden.
■ **Einkehr:** Direkt am Kraftwerk mit Blick auf die Fallrohre liegt das »Oskar-Miller-Bistro«. In Kochel gibt es viele Möglichkeiten, sehr schön isst und sitzt man beim Gasthaus »Zum Giggerer« hinter dem Rathaus.
■ **Info:** Erlebniskraftwerk Walchensee, Altjoch 21, Tel. 08851/77211, www.eon-wasserkraft.com

Die Fallrohre des Kraftwerks

lebt. Zumindest unter den Besuchern und Interessierten. Mit interaktiven Touch-Screen-Terminals, Schautafeln und Modellen lernen wir den Weg vom Wasser zum Strom kennen. Über eine Drehtür gelangen wir in die laute Maschinenhalle und können uns einen exakten Überblick verschaffen. Hier schlägt das Herz des nach 1918 von Oskar von Miller erbauten Kraftwerks. Damals konnten die Leute überhaupt nicht verstehen, wozu man so viel Strom jemals brauchen könnte. Doch die Zeit sollte dem Visionär von Miller mehr als recht geben. Acht Turbinen treiben unterschiedliche Stromgeneratoren an. Die einen speisen Strom für den normalen »Haushaltsbedarf« ein, die anderen beliefern exklusiv die Deutsche Bahn. Spannender kann kaum ein Heimat-, Physik- oder Sachunterricht gestaltet sein. Nun endlich verstehen wir, wie der Stromkreislauf funktioniert.

Um den Tag komplett in Kochel zu verbringen, können wir den Besuch des Kraftwerks mit einer schönen und sicher nicht langweiligen Wanderung entlang dem Felsenweg nach Schlehdorf kombinieren. Dafür gehen wir über die Fallrohrbrücke und halten uns dann rechts bis fast zum Ufer. An der Badewiese finden wir linker Hand den Beginn des Felsenweges. Nomen est omen: An einigen Stellen ist er in eine 300 Meter hohe Felswand gesprengt worden. Über den Weiler Raut kommen wir dann nach Schlehdorf. Von hier können wir mit dem Schiff nach Altjoch zurückkehren.

Tipp
Wer noch nicht genug Programm hat, freut sich über einen Besuch im Kochler **Erlebnisbad Trimini**. Egal, ob im Winter oder Sommer, es locken Rutschen im Innen- oder Außenbereich und das schöne Badegelände mit tollem Bergpanorama. Im Hochsommer kann man selbstverständlich auch an allen ausgewiesenen Badeplätzen des Kochelsees ins Wasser hüpfen. Leider erwärmt sich der See wegen der durchfließenden kalten Loisach nur langsam. Kunstfreunde werden am neu gestalteten **Franz Marc Museum** Gefallen finden (siehe Tour 51). Franz Marc (1880–1916) verbrachte seine letzten Jahre im Ortsteil Ried bei Kochel.

16 Klettergärten

Nervenkitzel am Seil

Mut, Spaß und Freude an der Bewegung sollten wir als Vorausset-zungen für einen tollen Tag im Klettergarten mitbringen. Dazu be-queme Kleidung, Fahrradhandschuhe und Schuhe mit griffiger Sohle (Turnschuhe).

Viel mehr brauchen wir nicht. Klettererfahrung oder Ausrüstung ist nicht nötig. Alles wird einem vor Ort gezeigt, und es erfolgt eine richtige Si-cherheitseinweisung. Dann geht es schon los, und wir klettern, balancie-ren, steigen oder hangeln uns wie Affen immer höher nach oben. Dabei durchschreiten wir viele Stufen, verschiedenste Elemente und überwin-den die unterschiedlichsten Hindernisse. Es macht sehr viel Spaß, auch wenn einem von der Höhenluft anfangs etwas mulmig ist – aber genau das macht den Nervenkitzel ja aus! Während der Sommerferien gibt es hier ein ganz besonderes »Special« für Kinder mit einer schlechten Schul-note im Sportunterricht. Je nach Note dürfen die Kinder ein- bis sechsmal vergünstigt ihre sportliche Leistung trainieren. Dann klappt es im nächs-ten Schuljahr ja vielleicht besser.

■ **Anfahrt:** Mit dem Auto: Garmischer Autobahn A 99, Ausfahrt Sindelsdorf, über Bad Tölz nach Lenggries. Der Beschilderung zu den Brauneck-Berg-bahnen folgen. Der Klettergarten liegt an den großen Parkplätzen und ist nicht zu übersehen. Mit der Bahn: Von München mit der BOB über Bad Tölz bis Endstation »Lenggries«.
■ **Öffnungszeiten:** In der Sommersaison von Mai bis November täglich 11–18 Uhr, an Wochenenden und feiertags bereits ab 9 Uhr.
■ **Preise:** Kinder (ab 1,40 Meter): 19 Euro, Jugendliche (14–18 Jahre): 23 Euro, Erwachsene: 29 Euro, Familienkarte: 70 Euro.
■ **Altersempfehlung:** Ab einer Körpergröße von 1,40 Meter.
■ **Einkehr:** In Lenggries gibt es viele Einkehrmöglichkeiten und Eisdielen.
■ **Info:** Hochseilgarten Isarwinkel, an den Brauneck-Bergbahnen, direkt am Streidlhang, 83646 Lenggries, Tel. 08042/50 19 59, www.hochseilgarten-isarwinkel.de

Weitere Kletteradressen: (siehe auch Tipp 10)

■ **Hochseilcamp München Aschheim**, Am Sportpark 20, 85609 Aschheim, www.hochseilcamp.de. Witziger Klettergarten an der großen Sportanlage. Hier gibt es auch Wasserski und eine große Beacharena mit mediterranem Strand.

■ **Kletterwald bei Garmisch** an der Wankbahn, www.kletterwald-gap.de. Fünf Parcours mit 53 spannenden Elementen warten auf Kletterfreaks.

■ **Kletterwald Blomberg** bei Bad Tölz, www.blombergbahn.de. Mitten zwischen den Bergwaldbäumen wurde der Kletterparcours bis zu den Wipfeln errichtet. Gleich einem Eichhörnchen geht es über die verschiedenen Stufen.

■ **Chiemgauer Hochseilgarten**, Am Beerweiher 4, 83229 Aschau, www.chiemgauer-hochseilgarten.de

■ **Hochseilgarten Ammersee**, Fahrmannsbachstraße 2, 86917 Utting am Ammersee, www.hochseilgarten-ammersee.de

Wen jetzt das Fieber gepackt hat und wer in den Wintermonaten weiterklettern möchte, kann das in den Indoor-Kletterhallen probieren. Dann natürlich nur mit Kletterkenntnissen oder einem belegten Kletterkurs:

■ **Heavens Gate**, Grafingerstraße 6, 81671 München, www.kletternmachtspass.de

■ **DAV Kletterhalle**, Thalkirchnerstraße 207, 81371 München, www.kletterzentrum-muenchen.de

■ **Born2climb** Kletterhalle Bad Heilbrunn, Am Krebsenbach 9, 83670 Bad Heilbrunn www.kletterhalle-bad-heilbrunn.de

■ **DAV Kletterhalle Bad Tölz**, Am Sportpark 5, 83646 Bad Tölz www.verbundklettern.de

Ein bisschen Mut braucht man.

17 Lenggries
Falkenhof und wilde Trike-Abfahrt

Auf dem Falkenhof werden die Kunst der Vogeljagd, ihre Geschichte und Entstehung, die Erziehungstricks der Falkner und das Verhalten der Greifvögel am lebenden Beispiel erklärt.

Fridolin, der Kolkrabe, ist der Frechste von allen. Wenn er aus seiner großen Voliere darf, sollten wir besser keine Brezenstücke oder Keksreste in den Händen halten. Fridolin ist immer hungrig und liebt jedes Essen. Für ein paar Leckerbissen fliegt er gerne ein paar Mal haarscharf über unsere Köpfe hinweg, da hilft nur ducken. Fridolin gehört neben Hedwig, der

■ **Anfahrt:** Mit dem Auto: Garmischer Autobahn A 99, Ausfahrt Sindelsdorf, Beschilderung nach Bad Tölz folgen, von dort weiter nach Lenggries, direkt an der Brauneck-Bergbahnstation bei der Gondel ein großer, kostenloser Parkplatz. Mit der Bahn: Von München über Bad Tölz bis Endstation »Lenggries«, zu Fuß über die Isarbrücke 15 Min.

■ **Öffnungszeiten:** Falkenhof Lenggries: 26. Mai bis 10. Juni und 18. Juli bis 9. Sept. 2012 von Mittwoch bis Sonntag, Flugvorführung 11 und 14 Uhr. Bullcarts bei trockenem Wetter 5. Mai bis 21. Oktober 2012 , 13–18 Uhr, Wochenende und Feiertage 12–18 Uhr, in den Ferien täglich 13–18 Uhr.

■ **Preise:** Falkenhof Lenggries: Kinder (ab 6 Jahre): 4,50 Euro, Erwachsene: 7 Euro, Familienkarte: 20 Euro. Bullcarts: 1 Fahrt: 4 Euro, 2 Fahrten: 7 Euro, 3 Fahrten: 9 Euro, 50er-Karte: 110 Euro.

■ **Altersempfehlung:** Eigenständig dürfen die Bullcarts mit Einverständnis der Eltern ab 10 Jahren gefahren werden. Jüngere Kinder sitzen auf dem Schoß der Eltern.

■ **Einkehr:** Die alte Mulistation direkt an der Bergbahn. Super familienfreundliche Wirtschaft mit großem Spielplatz, Wigwam, Streichelgehege mit Hasen und Zwergziegen, Riesentrampolin und alten Traktoren. Hier können Eltern entspannt essen und haben die Kinder, während sie sausen und spielen, gut im Blick.

■ **Info:** Falkenhof Lenggries, An der Bergbahn, 83661 Lenggries, Tel. 08042/97 85 08. Bullcarts, Am Streidlhang bei der Brauneck-Bergbahn, 83661 Lenggries, Tel. 08042/4960, www.vogeljakob.de, www.bullcarts.de

Schnee-Eule, Pauli, dem Wanderfalken, Milvus, dem roten Milan und Puccini, der gerade mal 94 Gramm schwere Zwergeule, dem passionierten Berufsfalkner Paul Klima. Natürlich gibt es am Falkenhof noch viele weitere Greifvögel wie z. B. Gänsegeier, die alle während einer Flugvorführung fliegen dürfen. Dabei erklärt Herr Klima die Kunst der Vogeljagd, deren Geschichte und Entstehung, die Erziehungstricks und das Verhalten der Tiere sehr genau. Wir erfahren viel über das bevorzugte Futter in freier Wild-

bahn, über die Zähmung und Ausbildung der Greifvögel und so manche Pleiten, Pech und Pannen, wenn eines der Tiere sich mal wieder zu sehr verselbstständigt hat und nächtelang nicht zurückkehrt. Rund um den Falkenhof entsteht ein kleiner Wildpark mit Streichelgehege, heimischen Haustieren und Bergbewohnern wie Steinbock oder Dammwild.

Die Eule Bubi mit dem Falkner

Nicht ganz so naturverbunden, aber dennoch eine Riesengaudi ist gleich neben dem Falkenhof die Bullcart-Bahn. Diese einzigartige Freizeitattraktion gibt es erst seit 2004 in Lenggries. In den Sommermonaten rauscht man auf überdimensionalen Dreirädern flott auf einer Bahn die Skipiste des Streidlhangs hinunter. Dicke Scheibenbremsen sorgen für Sicherheit und sollten beim Downhill-Flitzen auch immer mal wieder kontrolliert eingesetzt werden. Kindern wird empfohlen, einen Helm zu tragen, der auf Wunsch auch ausgeliehen werden kann. Der Aufstieg erfolgt übrigens bequem per Schlepplift. Während die erste Abfahrt aufgrund mangelnder Erfahrung eher noch langsam und gemächlich ins Tal führt, wird man nach dem zweiten und dritten Mal schon etwas risikofreudiger. Und schon ist man infiziert von dem Riesenvergnügen, nach dem man süchtig werden kann.

Tipp

Jedes Jahr Mitte Juli gibt es an zwei Wochenenden das große **Mittelalterliche Falknerspectaculum**. Ritterturniere und Lagerleben finden am Fuße des Braunecks statt. Bei den Bullcarts kann man hervorragend seinen **Kindergeburtstag** feiern. Für einen Pauschalpreis von 7 Euro pro Kind gibt es zwei Fahrten, Stockbrot und Würstel am Lagerfeuer des Wigwams in der Alten Mulistation und vom Getränk »Feuerwasser« so viel man will.

18 Am Jaudenhang in Lenggries

Sommerrodeln und Golfen

Noch kein Jahr alt ist die neue Attraktion am Jaudenhang bei Lenggries. Mit viel Aufwand wird im Frühjahr diese neue Generation von Sommerrodelbahnen auf dem Gelände der Skiliftpisten aufgebaut und im Herbst wieder demontiert.

Die vom TÜV abgenommene Anlage gilt als absolut sicher. Der Vorteil gegenüber anderen Sommerrodelbahnen, die innerhalb von Bahnen verlaufen, ist die feste Verankerung an den Schienen. Jeder Rodel ist am Boden fest mit den Schienen verbunden und kann sich so nicht aus der Bahn lösen. Sicherheitsgurte verhindern zusätzlich das Hinausstürzen, falls man wirklich mit Höchstgeschwindigkeit um die Kurven kracht und der Fliehkraft nichts mehr entgegensetzen kann. Die gelben Flitzer werden bis zu 40 km/h schnell, die Geschwindigkeit lässt sich aber durch ein ausgeklügeltes und doch einfaches Bremssystem regulieren. Insgesamt ist die Bahn 1200 Meter lang und überwindet 120 Höhenmeter. Dabei sind natürlich einige Raffinessen eingebaut: die Stadldurchfahrt, ein Hoch-

■ **Anfahrt:** Mit dem Auto: Garmischer Autobahn A 99, Ausfahrt Sindelsdorf, über Bad Tölz nach Lenggries. Der Jaudenhang liegt in Wegscheid am Fuß des Braunecks.

■ **Öffnungszeiten:** Während der Sommersaison von Mai bis Oktober bei gutem Wetter täglich von 10 Uhr bis Sonnenuntergang.

■ **Preise:** 1 Fahrt: Kinder (bis 18 Jahre): 3 Euro, Erwachsene: 5 Euro. 3 Fahrten: Kinder (bis 18 Jahre): 8 Euro, Erwachsene: 14 Euro.

■ **Altersempfehlung:** Ab 4 Jahre darf man mitfahren, ab 8 Jahre selbst fahren, ab 15 Jahre einen Beifahrer mitnehmen.

■ **Einkehr:** Direkt neben dem Lift gibt es das Gasthaus »Jaudenstadl«. Eine große Sonnenterasse liegt direkt an den Bergwiesen.

■ **Info:** Steffes Jaudenhangflitzer, Am Jaudenhang, 83661 Lenggries, Tel. 0175/5473765, www.jaudenhangflitzer.de, www.villa-lustig.de

jump oder die Welle. Da sind die 24 Steilkurven fast schon harmlos. Es lohnt sich, mehr als nur eine Fahrt zu kaufen, denn erst ab dem zweiten Rutsch hat man den Dreh raus und wird mutiger. Aber Vorsicht, ab der dritten Fahrt ist dann schon Suchtpotenzial gegeben!

Nach der Rodelpartie können wir im benachbarten »Jaudenstadl« noch die »Sportausrüstung« für das »Bauerngolf« ausleihen. Ähnlich wie beim Rasen-kricket oder Minigolf müssen Bälle mit viel Schwung durch Ziele, Tore und um Strohballen gegolft werden. Ein lustiger Spaß für die ganze Familie. Zum Ab-schluss kann man noch ein bisschen Zeit auf dem Gelände der Villa Lustig verbringen. Normalerweise sticht die Villa Lustig mit ihrem kindgerechten Skizirkus vor allem im Winter hervor, aber auch im Sommer gibt es ein gro-ßes Programm: In den Ferien oder für speziell gebuchte Kindergeburtstage, Schulausflüge oder Kindergartenwan-dertage. Ideal für Gruppen aus Mün-chen. Der Spielplatz steht jedoch allen offen und liegt zum großen Vorteil für

Rasant aber sicher geht es abwärts.

die Eltern nicht weit von der großen Sonnenterasse des Gasthauses »Jaudenstadl«.

Weitere Sommerrodelbahnen:

■ **Sommerrodelbahn Oberaudorf**, Am Hocheck im Inntal, 83080 Oberaudorf, www.oberaudorf.de

■ **Sommerrodelbahn Unterammergau**, Am Steckenberg, 82497 Unterammergau, www.steckenberg.de

■ **Sommerrodelbahn Garmisch**, Am Olympia-Skistadion, 82467 Garmisch, www.garmisch-partenkirchen.de

19 Gumpen am Berg Hochalm

Naturspielplatz am Wasser

Mit diesem Tipp werde ich mir einigen Ärger einhandeln. Verrate ich doch schon wieder einen Geheimtipp Einheimischer, der mir persönlich auch gut gefällt. Natürlich hoffe ich, dass Sie jetzt nicht alle sofort auf einmal losstürmen.

Ich finde es ja immer ein wenig ungerecht, all die schönen Fleckerl geheim zu halten und die Natur so zu portionieren, als ob sie nur für eine auserwählte Gruppe von Menschen zugänglich wäre. Wenn wir alle uns ein wenig naturnah und rücksichtsvoll verhalten, wird es noch lange solche Naturschätze geben, und kein Einheimischer wird sich dann über die »Ausflügler« aufregen.

Ansonsten will ich gar nicht zu viel verraten, denn am besten erkunden Sie diesen absolut naturbelassen »Wasserspielplatz« ganz allein. Nur so viel sei gesagt: Es handelt sich um einen Gebirgsbachlauf, der im Laufe Tausender von Jahren herrliche Gumpen gebildet hat. Mal mehr oder weniger tief, zum Klettern, Springen, Rutschen und Plantschen. Selbstverständlich

---

■ **Anfahrt:** Mit dem Auto: Garmischer Autobahn A 95, Ausfahrt Sindelsdorf/Bad Tölz, über Bad Tölz und Lenggries zum Sylvensteinspeicher. Auf der Dammkrone links Richtung Achensee. Wanderparkplätze liegen ca. 1,5 Kilometer nach dem See-Ende auf der linken Seite.
■ **Öffnungszeiten:** Frei zugänglich, am schönsten im Hochsommer.
■ **Preise:** Kostenlos.
■ **Altersempfehlung:** Ab ca. 4 Jahre. Wer die Tour mit einem Aufstieg zum Gipfel verbindet, muss die Kondition der Kinder richtig einschätzen.
■ **Einkehr:** Am besten nehmen wir eine richtige Bergbrotzeit mit und picknicken standesgemäß. Einkehrmöglichkeiten gibt es in Lenggries oder Bad Tölz.
■ **Info:** Hochalm im Isartal, vom Parkplatz am Sylvensteinspeicher aus.

werden die Kinder nass, richtig nass! Man kann bis zu einer steilen Fels-wand durch die Wasserläufe waten, dann ist definitiv Schluss. Natürlich handelt es sich nicht um gefährliches »Canyoning«, achten Sie aber trotz-dem auf den Wasserstand. Nach Regentagen oder einem Gewitter führt auch ein kleiner Gebirgsbach viel Wasser.

Wenn Sie größere Kinder haben oder im Besitz einer Krax'n sind, können Sie vorher zur nicht sehr schwierigen Bergtour auf die Hochalm aufbre-chen. Der Weg ist zunächst derselbe, steigt dann aber stetig an. Vom Gip-fel und der davorliegenden Wiese haben wir einen sensationellen Blick auf die nahen Münchner Vorberge und weit in das Isartal hinein.

Es gibt noch ein paar weitere Naturerlebnisziele in Oberbayern:

■ **Kuhfluchtfälle** bei 82490 Farchant. Eine kleine, unkomplizierte Wande-rung, mit einem liebevoll angelegten Waldlehrpfad, zu den wilden Kuh-fluchtwasserfällen. Anschließend Wasserspiele und Dammbauten im Bachbett. www.farchant.de

■ **Sieben Quellen** bei 82438 Eschenlohe. Entweder eine 15 Kilo-meter lange, fast ebene, Fahrrad-tour durch das Loisachmoor zu den geheimnisvollen sieben Quellen, oder eine kurze Wanderung (20 Min.) von der Dorfmitte aus. www.eschenlohe.de

■ **Museum Wald und Umwelt**: Es liegt neben dem Aussichtsturm auf der Ebersberger Ludwigshöhe (85560 Ebersberg). Im Wald gibt es schöne Rundgänge und einen hohen Aussichtsturm. Danach kann man noch das Museum mit all sei-nen lehrreichen Sammlungen über den Wald besuchen. www.MuseumWaldundUmwelt.de

Das Natur-Kneipp-Becken liegt in Farchant.

20 Barfußpfad am Kranzberg bei Mittenwald

Zeigt her eure Füßchen …

Für die Füße ist diese Tour eine reine Wohltat. Befreit von jeglichem einengendem Schuhwerk und verschwitzten Socken werden alle unsere Fußreflexzonen angeregt. Denn auf dem 1,7 Kilometer langen Rundweg werden unsere Fußsohlen von den unterschiedlichsten Materialien massiert.

Anfangs kostet es ein wenig Überwindung, angesichts einer, wenn auch klitzekleinen Bergtour die Schuhe in das extra dafür bereitgestellte hölzerne Regal am Gasthaus »St. Anton« zu stellen. Aber dann geht's auch schon los. Vorbei an insgesamt 22 verschiedenen Stationen laufen wir über Bergwiesen, Tannenzapfen, gekieste Steige, Moos, Rinde, Wackelbalken, Holzbohlen, Felssteine oder Riesel. Eine Herausforderung stellt sich gleich

■ **Anfahrt:** Mit dem Auto: Von München auf der A 99 über Garmisch nach Mittenwald. Am Ortseingang ist der Weg zur Kranzbergbahn ausgeschildert. Gebührenpflichtige Parkplätze gibt es direkt an der Kranzbergbahn.
■ **Öffnungszeiten:** Fahrzeiten täglich 9–16.25 Uhr, nur im Spätherbst eine Woche wegen Revisionsarbeiten geschlossen.
■ **Preise:** Der Barfußpfad ist kostenlos. Fahrt mit der Kranzbergbahn: Berg- und Talfahrt: Kinder: 4 Euro, Erwachsene: 7 Euro, Familienkarte (2 Erwachsene, 1 Kind): 14,50 Euro. Einzelfahrten möglich und günstiger.
■ **Altersempfehlung:** Von 2–14 Jahre.
■ **Einkehr:** Am Berg kann man natürlich überall seine leckere, selbst hinaufgetragene Brotzeit genießen. Direkt am Start des Barfußpfades liegt der Berggasthof »St. Anton«, kein Ruhetag. Es gibt einen kleinen Spielplatz auf der Wiese vor der Sonnenterrasse, und die Kuchen waren sehr großzügig und lecker. In Mittenwald selbst finden sich im Anschluss viele Möglichkeiten.
■ **Info:** Barfußwanderweg, am Kranzberg oberhalb von Mittenwald, Kranzberg Sessellift, Kranzbergstr. 24, 82481 Mittenwald, Tel. 08823/1553. Touristinformation Mittenwald, Tel. 08823/33981, www.mittenwald.de

zu Anfang mit der Durchwatung eines etwas schlammig moorigen Bergsees. Ganz zu schweigen von der anschließenden batzigen und erdigen Wegstrecke, die bei unseren Kindern wohliges Gelächter hervorruft und bei uns selbst eher zwiespältige Gefühle weckt. Die matschige, zwischen den Zehen hervorquellende Erde erinnert zwar stark an die eigene Kindheit, wir bezweifeln jedoch, dass wir angesichts unserer Füße je wieder in Socken und Bergschuhe steigen können. Hinweistafeln erklären uns einige Barfußspiele, bei denen die Geschicklichkeit unserer Füße gefragt ist. Gar nicht so einfach, nur mit den Zehen einen Knoten in ein Stück Schnur zu ziehen. Vielleicht liegt es aber auch an dem immer noch zwischen den Zehen klebenden Schlamm.

Der kurze Weg verläuft spannend und abwechslungsreich mit herrlicher Aussicht auf die Berge um Mittenwald, vor allem auf das gegenüberliegende mächtige Karwendelmassiv, die man von einem Panorama-Aussichtspunkt mit Ruhebänken genießen kann. Selbst an die Schlammbefreiung haben die Erbauer des Weges

> **Tipp**
> Dieser Ausflug lässt sich hervorragend mit einer kleinen **Bergtour** verbinden. Dabei ist der Barfußpfad das lockende Ziel. Im Winter gibt es eine herrliche **Rodelabfahrt** vom Kranzberg ins Tal.

gedacht. Eine der letzten Stationen ist ein erfrischendes Kneippbecken mit klarem, kaltem Quellwasser. Dann geht es nur noch über grüne Bergwiesen hinab zum Ausgangspunkt. Da für größere Kinder der Rundweg zu kurz ist, bietet es sich an, in ca. 45 Minuten von der Talstation zu Fuß auf dem gut ausgeschilderten Wanderweg zum Startpunkt des Barfußpfades hinaufzusteigen. Umgekehrt kann man den Aufstieg auch mit dem fast schon historisch gemütlichen Kranzbergsessellift abkürzen, um dann im

Anschluss hinabzuwandern. In dieser Richtung haben wir immer das felsige Karwendelmassiv vor Augen. Selbst mit bloßem Auge ist das neue Informationszentrum an der Bergstation der Karwendelbahn zu sehen (siehe Tour 22). Abwärts geht es sowieso fast wie von allein, und in weniger als 40 Minuten sind wir wieder in Mittenwald.

Vom Schuhzwang befreit

21 Mittenwald – Leutascher Geisterklamm

Im Reich des Klammgeistes

Die Geisterklamm zwischen Mittenwald und Leutasch hat sich seit ihrer Eröffnung 2005 zu einem Publikumsmagneten für viele Besucher und Touristen entwickelt. Nicht zu Unrecht. Dieser einzigartige Wasserwanderweg mit schwindelerregenden Abgründen über brodelndem Wasser und dunklen Schluchten ist einmalig und mit keinem anderen Klammweg zu vergleichen.

Wir beginnen mit einer kleinen Wanderung und marschieren vom Ortskern zum kleinen Fluss Leutasch. Zunächst geht es noch ohne jede Steigung flussaufwärts bis zum ersten, dem alten Teil der Klamm: dem Wasserfallsteig. Gegen Eintritt können wir einen Abstecher in die Klamm selbst unternehmen. Dunkel türmen sich die massiven Felswände hoch über uns auf. Das Wasser, dem wir nun sehr nahe kommen, brodelt bedrohlich.

■ **Anfahrt:** Mit dem Auto: Garmischer Autobahn A 95 bis Autobahnende, dann weiter über Garmisch nach Mittenwald. Parken im Schwarzenfeld unterhalb der Karwendelbahn. Mit der Bahn: Von München über Garmisch nach Mittenwald, Haltestelle »Mittenwald«.

■ **Öffnungszeiten:** Geisterklamm täglich von März bis November, wenn kein Schnee liegt, ist der Weg auch im Winter begehbar, er wird aber nicht geräumt.

■ **Preise:** Die Geisterklamm ist kostenlos, nur der Wasserfallsteig ist privat: Kinder: 80 Cent, Erwachsene: 1,60 Euro.

■ **Altersempfehlung:** Ab ca. 4 Jahre, je nach Kondition der Wanderer.

■ **Einkehr:** Am Ende des Weges liegt auf der Leutascher Seite ein Kiosk und bei Mittenwald auf dem Rückweg das Gasthaus »Gletscherschliff« mit schönem Blick auf das Karwendel. Es gibt sogar ein kleines Gehege mit einer Hasenschule. In Mittenwald gibt es viele Gasthäuser, Eisdielen und Cafés.

■ **Info:** Tourist-Information Mittenwald, Dammkarstr. 3, 82481 Mittenwald, Tel. 08823/339 81, www.leutascher-geisterklamm.at, www.mittenwald.de

Die Klamm lässt sich jedoch nicht durchsteigen wie z. B. die Partnachklamm in Garmisch, und so müssen wir auf demselben Weg zurück. Unsere Wanderung führt deshalb kurz vor dem Klammhäuschen weiter, nun den Berg hinauf zum neuen Leutascher Klammsteig.

Tipp
Für Kinderwägen ist der Weg zu schmal und für Hundepfoten sind die Metallgitter des Klammsteiges nicht geeignet. In der Klamm ist es kalt und manchmal windig. Jacken mitnehmen.

Jetzt sind wir auf dem Koboldpfad in der Geisterklamm, und es wird spannend. Wir kommen zur Panoramabrücke und können auf dem drei Kilometer langen Klammgeistweg weitergehen. Hoch über der Klamm wandern wir auf Brücken und Stegen immer über dem schäumenden Wasser. Obwohl es keinerlei gefährliche Stellen gibt, sollte man schwindelfrei sein. Durch die Metallgitter der Böden blickt man nämlich direkt in die Tiefe. Die Stege sind wie ein Balkon direkt in die bizarren Felswände eingelassen. Wem das zu viel wird, der richtet den Blick einfach geradeaus oder fixiert die Bäume. Unterwegs sind viele Stationen liebevoll für Kinder eingerichtet. Der bis ins österreichische Leutasch weiterführende Wanderweg ist gespickt mit Märchen und Sagen, Klangspielen und Wasserplätzen. Soweit müssen wir jedoch gar nicht wandern, wir können vorher über den Märchenwald bis zum Koboldpfad zurückgehen. Nun erfolgt nur noch der Abstieg über das Gasthaus »Gletscherschliff« an drei Sagengeschichten vorbei zurück nach Mittenwald.

Auf dem Klammsteig wird es auch mal eng.

22 Am Karwendel

Der bayerische Skywalk

Es ist fast wie am Grand Canyon in den USA, auch von diesem im Jahr 2008 eröffneten bayerischen Skywalk aus hat man über blanke Felswände einen Blick senkrecht hinunter bis ins Tal.

Für diese Tour sind uns viele Überschriften eingefallen: »Adlerhorst im Fels«, »Freier Fall bis unten«, »Wem wird da schon schwindelig«, »Ein bisschen Mut muss sein«. »Der bayerische Skywalk« trifft es aber in Anlehnung an ein ähnliches Bauwerk, den großen Skywalk über den Grand Canyon in den USA, am besten. Uns schützt nur die dicke Glaswand in Form einer Fernglaslinse vor dem freien Fall. Sensationell und wirklich nur etwas für ganz Mutige. Dabei ist bereits die Auffahrt mit der Karwendelbahn ein Erlebnis. Über nur zwei gesetzte Masten schweben wir in einer Gondel 1200 Höhenmeter nach oben. Wem hier schon mulmig wird, schaut besser einfach geradeaus Richtung Horizont. Auf der anderen Seite über Mittenwald erhebt sich hinter dem vorgelagerten Kranzberg majestätisch das Wettersteingebirge mit der Alpsitz und der Zugspitze. Oben angekommen besuchen wir am besten gleich die Ausstellung »Bergwelt im Karwendel«.

■ **Anfahrt:** Mit dem Auto: Von München auf der A 99 Richtung Garmisch bis Autobahnende, durch Garmisch Richtung Mittenwald, zweite Ortsabfahrt nach Mittenwald nehmen, der Weg zur Karwendelbahn ist ausgeschildert. Falls die Parkplätze an der Bahn voll sind, gibt es unterhalb einen kleinen »Mountainbiker-Parkplatz«, von dort 10 Min. bis zur Talstation.
■ **Öffnungszeiten:** Täglich 9–16.30 Uhr.
■ **Preise:** Kinder (6–17 Jahre): 13,50 Euro, Erwachsene: 22 Euro, Familienkarte (2 Erwachsene, 1 Kind): 46 Euro.
■ **Altersempfehlung:** Ab ca. 5 Jahre.
■ **Einkehr:** Karwendelbahn-Berggaststätte, mit großer Sonnenterrasse. Ansonsten einfach eine Bergbrotzeit einpacken und nach dem Rundgang picknicken.
■ **Info:** Karwendelbahn AG, Alpenkorpstraße 1, 82481 Mittenwald, www.karwendelbahn.de

Das Naturinformationszentrum gibt einen Einblick in das alpine Ökosystem, mit Schwerpunkt auf dem Lebensraum Karwendel. Hier wird uns alles über die besonderen Lebensumstände der Tiere und Pflanzen am Berg erklärt. Die schwierigen Bedingungen einer kurzen Vegetationsperiode sind dafür ein Beispiel. Dem weißen Bergschneehuhn hat man ein ganzes Kapitel gewidmet, ebenso dem Kreislauf des Wassers. Das Informationszentrum ist ein umstrittenes Bauprojekt. So haben sich nicht nur die Kosten für den Bau erheblich erhöht, Naturschützer kritisieren auch Zweck und Ort des Museums. Sie argumentieren, dass das Museum bloß eine Attraktion und somit eine Belebung für die Karwendelbahn selbst ist – was angesichts der nicht gerade billigen Bergbahnkarten nicht von der Hand zu weisen ist. Nichtsdestotrotz ist der Bau allein schon aufgrund seiner Architektur einen Ausflug wert.

Aber nur deswegen rentiert sich der Ausflug eigentlich nicht. Mit den Kindern sollten wir unbedingt noch den kleinen Panorama-Rundwanderweg gehen. Dabei umrunden wir ohne große Höhenunterschiede die Karwendelgrube in knapp 45 Minuten. Von jeder Seite eröffnen sich neue Ausblicke auf die umliegenden Berge und Täler. Testen Sie auf keinen Fall den Abstieg über den Mittenwalder Höhenweg, wenn Sie selbst kein Bergsteiger mit Klettererfahrung, kompletter Kletterausrüstung und absoluter Schwindelfreiheit sind. Mit einer warmen Jacke können wir aber den 400 Meter langen Dammkar-Tunnel durchqueren und sogar über die Dammkar-Abfahrt ins Tal absteigen. Das ist aber nur etwas für bergerfahrene Kinder, die ein wenig Ausdauer für den fast fünfstündigen Abstieg mitbringen.

Am Ende liegt der Abgrund.

23 Freizeitpark Ruhpolding

Feuerspeiende Drachen und funkelnde Kristalle

Den Freizeitpark Ruhpolding gibt es schon seit über 30 Jahren. Doch im Laufe der Zeit hat sich vieles verändert. Eltern, die heute mit ihren Kindern zu Besuch kommen und selbst schon als Kind hier waren, dürften nicht nur in Erinnerungen schwelgen, sondern werden auch einiges, wie die neue Achterbahn »Gipfel-Stürmer«, nicht wiedererkennen.

Gleich nach der Eingangsburg erwarten uns erst einmal lauter Wichtel- und Zwergenhäuschen in Form von Baumstämmen, Hütten und überdimensionierten Schwammerln. Auf Knopfdruck bewegen sich die Wichtelmänner zu Themen wie Sägewerk, Goldschmiede, Maler, Bäcker, Edelsteinschleiferei und vieles mehr. Wissenswertes über die lokale Heimatgeschichte, diverse Märchen und etwas Naturkunde wechseln sich bunt miteinander ab. Dazwischen liegen die ersten Spielplätze mit Baumhäusern, Hängebrücken und Schwingseilen. Mit einer kleinen Kinderbahn dürfen wir ein paar

■ **Anfahrt:** Mit dem Auto: Von München auf der A 8 Richtung Salzburg, Ausfahrt Siegsdorf/Ruhpolding, über Siegsdorf nach Ruhpolding. Der Weg zum Freizeitpark ist ausgeschildert. Parkplätze für 1,50 Euro vorhanden. Mit der Bahn: Zug bis Traunstein, Umsteigen, mit Regionalbahn bis Haltestelle »Ruhpolding«, von dort schöner 4 Kilometer langer Rad- oder Fußweg zum Park. Busverbindung ist auch möglich.
■ **Öffnungszeiten:** Von Ostern bis November täglich 9–18 Uhr.
■ **Preise:** Kinder (ab 90 Zentimeter, bis 13 Jahre): 8,50 Euro, Erwachsene: 9,50 Euro, Familienpunktekartensystem: 80 Euro (gilt für mehrere Jahre).
■ **Altersempfehlung:** Ab ca. 2 Jahre bis ca. 10 Jahre.
■ **Einkehr:** Im Park gibt es das Restaurant »Tischlein deck dich«, Selbstbedienung, endlich mal nicht nur die obligatorischen Kinder-Fast-Food-Gerichte, sondern viel Frisches zur Auswahl. Eigene Brotzeit darf aber auch mitgebracht werden.
■ **Info:** Freizeitpark Ruhpolding, Vorderbrand 7, 83324 Ruhpolding, Tel. 08663/14 13, www.maerchenpark.de

Kreise rund um die Froschschule ziehen oder anschließend eine wilde Runde im Karussell »Drachenritt Siegfried« drehen. Der davorstehende feuerspeiende Drachentöter ist immer heiß von Kindern umlagert. Versuchen Sie doch einmal, auf den Wackelrädern zu radeln. Da haben ihre Kinder mit Sicherheit etwas zu lachen. Bis auf die Elektro-Motorräder und Autos sind alle Fahrgeschäfte im Preis inbegriffen.

Über einen Tunnel mit lustigen Verzerrspiegeln erreichen wir den neu angelegten Teil des Freizeitparks. Zuerst geht es in das dunkle Kristallbergwerk. Wenn wir die magisch leuchtenden Kristallkugeln berühren, erzählen und bewegen sich wieder Wichtelmännchen, die nach Edelsteinen schürfen. Nach dem Bergwerk dürfen auch wir nach Edelsteinen am Kristallwasser suchen. In kleinen Steingruben und im Bachlauf mit Goldwäscherei liegen immer einige rund geschliffene Halbedelsteine. Hier lohnt

sich das Picknick, denn die Kinder lassen sich in ihrem Edelsteinrausch kaum weiterbewegen.

Zum Glück hören wir etwas weiter im Wald schon die Dinosaurier brüllen, und so fällt es dann doch nicht so schwer, vorwärtszukommen. Auf dem Weg dorthin bremst uns aber der Abenteuerspielplatz mit Trampolinen, Drachenschaukeln, Schwingseilen und Bogenschießen aus. Das große Rutschenparadies ist überdacht. Hier können wir auf Matten nebeneinander wellenförmig nach unten sausen. Die Mutigen wagen sich in die fast senkrecht abfallende Steilrutsche. Hier im Freizeitpark

Die gleiche Familie betreibt auch den Märchenpark Marquartstein.

Tipp

Für **Kindergeburtstage** kann man eine kleine Alm auf dem Gelände mieten. Geburtstagskinder haben freien Eintritt, Gäste bekommen ermäßigten Eintritt, Essen kann komplett mitgebracht werden. Es stehen sogar ein Grill und ein Holzofen zur Verfügung.

Im Freizeitpark Ruhpolding gibt es viele **Wasserspiele**. Wechselkleidung mitnehmen! Der Park ist auch bei schlechtem Wetter geöffnet, denn viele der Attraktionen sind überdacht.

hat die ganze Familie ihren Spaß. Für große und kleine Kinder ist jede Menge Abwechslung und Spannendes dabei.

Ein weiterer Freizeitpark ist der Märchenpark Marquartstein (Jägerweg 14, 83250 Marquartstein, Tel. 08641/71 05, www.maerchenpark.de), ein netter Familienpark mit großem Erlebnisspielplatz, Wildpark, Märchen mit bewegten Figuren und einer Sommerrodelbahn, bei der beliebig viele Fahrten im Eintrittspreis enthalten sind. Es gibt eine Grillstelle in der Nähe des großen Spielplatzes und Streichelzoos.

Auf Knopfdruck speit der Drache Feuer.

Oberbayerische Seen 24

Eine Bootsfahrt, die ist lustig …

Seen gibt es rund um München viele. Davon sind zum Glück in Oberbayern einige so groß, dass sie sich mit Schiffen befahren lassen. Und auch das sind schon wieder so viele, dass wir an einem sonnigen Tag die Qual der Wahl haben.

Die Bayerische Seen-Schifffahrt kreuzt mit ihren Schiffen über Starnberger See, Ammersee, Tegernsee und Königssee. Die Staffelsee-Schiffahrt fährt mit ihren Motorbooten auf dem Staffelsee. Die Chiemsee-Schifffahrt bedient die Seewege auf dem großen bayerische Meer, dem Chiemsee. Schließlich gibt es noch die kleinen Motorpassagierboote auf dem Kochel- und Schliersee. Dabei hat jedes Gewässer seinen ganz eigenen Reiz. Die kleinen Seen sind oft idyllischer und lassen sich prima mit Wanderungen verbinden. An den großen Seen kann man die Fahrt aber auch unterbrechen, einkehren oder etwas besichtigen. Wir haben für Sie nur eine Auswahl an Möglichkeiten je nach See zusammengestellt.

■ **Starnberger See**: Am beliebtesten ist der Katamaran »MS Starnberg«, denn es gibt an Bord eine Rutsche vom Oberdeck ins Unterdeck und einen

---

■ **Abfahrtszeiten:** Meist werden die oberbayerischen Seen von Ostersonntag bis Mitte Oktober täglich befahren, je nach Witterung auch früher im Jahr. Für Chiemsee, Tegernsee und Königssee gibt es auch einen Winterfahrplan.
■ **Preise:** Sehr unterschiedlich.
■ **Altersempfehlung:** Ab ca. 4 Jahre.
■ **Einkehr:** Auf den großen Schiffen gibt es meist einen Kiosk oder sogar ein Restaurant. Ansonsten verhungert man angesichts der vielen Anlegestellen sicherlich nicht.
■ **Info:** Bayerische Seen-Schifffahrt: Starnberger See: Tel. 08151/120 23; Königssee: Tel. 08652/963 60; Ammersee: Tel. 08143/940 21; Tegernsee: Tel. 08022/933 11; Chiemsee: Tel. 08051/609–0; Schliersee: Tel. 08026/92 27 86, www.seenschiffahrt.de, www.staffelseeschiffahrt.de, www.motorschiffahrt-kochelsee.de, www.chiemsee-schifffahrt.de, www.schlierseeschifffahrt.de

Auch kleine Seen wie der Kochelsee sind eine Rundfahrt wert.

Aussichtsturm. Aber auch auf der »Seeshaupt« wird gern eine Rundreise unternommen. Die Fahrt lässt sich gut mit Baden und der Besichtigung des »Museums der Phantasie« in Bernried kombinieren. Die Sammlung des Malers und Schriftstellers Lothar Günther Buchheim ist einen längeren Stopp wert und vor allem für ihre expressionistischen Gemälde berühmt. Buchheims Sammelleidenschaft ging jedoch weit über die Malerei hinaus. Den Begriff »Fantasie« sollte man deshalb wörtlich nehmen. Die tanzenden Figuren des Zirkus Baffi, Tiere aus Blättercollagen, hölzerne Skulpturen von Mensch und Tier, verrostete Autos mit Riesenkraken, Marionetten, bunte Briefbeschwerer aus Glassteinen und vieles mehr sind zu besichtigen.

■ **Ammersee**: Außer der schönen Landschaft sind auf dem Ammersee vor allem die zwei historisch anmutenden Schaufelraddampfer »RMS Diessen« und »RMS Herrsching« das Erlebnis schlechthin. Modernste Schifffahrtstechnik ist mit Komfort und nostalgischem Flair vereint. Besonders im Ort Stegen gibt es für Kinder Minigolfplätze, Badestellen und tolle Spielplätze.

■ **Königssee**: Die Fahrt über das tief blaugrüne Wasser bis zur Wallfahrtskirche St. Bartholomä zählt zu den beeindruckendsten Erlebnissen mitten in den Alpen. Am Ziel können wir eine Wanderung in Salet oder einen Rundgang um St. Bartholomä unternehmen. Mit nur wenigen Schritten sind wir mitten im Nationalpark in einer wirklich überwältigenden Natur. Auf dem See wird auch im Winter gefahren. Das ist besonders zur Wildfütterung mit vielen Hirschen spannend. In den Sommermonaten gibt es Kindererlebnisfahrten. Die »Räuberfahrt« ist eine spannende Schatzsuche mit anschließendem Räuberbandeessen.

Tipp

Im Sommer **Badesachen** nicht vergessen! Schulkinder, die eine **Note 1** im Jahreszeugnis haben, dürfen während der Sommerferien umsonst mit dem Dampfer auf den Seen der Bayerischen Seen-Schifffahrt fahren.

■ **Tegernsee**: Auch auf dem Tegernsee fährt das Schiff das ganze Jahr über. Kombinieren Sie die Fahrt doch mit den Touren 55, 56, 57.

■ **Schliersee**: Kleine Rundfahrt mit vier Anlegestellen, darunter Halt auf der Insel Wörth mit der Möglichkeit, auf der Schlierseeinsel beim Wirtshaus im See einzukehren.

■ **Chiemsee**: Die Schifffahrt ist das ganze Jahr möglich, falls der See nicht komplett zugefroren ist. Besonders nett für Kinder ist die Fraueninsel mit dem ehrwürdigen Kloster oder ein Besuch der Herreninsel. Auch die historische Dampflok, die Chiemseer Bockerlbahn und die »Piratenfahrt« sind für Kinder ein Erlebnis. Bei einer Schatzsuche müssen Abenteuer bestanden werden. Toll ist auch die Kombination Radeln und Bootsfahren. Mit dem Fahrrad ist es von Prien auf fast autofreien Wegen nicht weit bis Gstadt. Von dort können wir dann über das Wasser zurückfahren.

■ **Kochelsee**: Es besteht die Möglichkeit, die Schifffahrt mit dem Besuch des Walchenseekraftwerks (siehe Tour 15), des Franz Marc Museums (siehe Tour 51), einer Wanderung entlang der Felsenwand oder dem Kloster Schlehdorf zu verbinden.

■ **Staffelsee**: Hier ist vor allem Baden mit Bootsfahren herrlich. Während der Sommermonate heißt es, Leinen los auf der »MS Seehausen« zu Mondscheinfahrten, bei denen Musik gespielt wird. Die Boote verbinden auch die Inseln im See mit dem Festland.

Am Chiemsee fahren das ganze Jahr Schiffe.

25 Pössinger Au in Landsberg

Reh, Hirsch und Wildschweinrudel mitten in der Stadt

Unglaublich, dieser schöne Wildpark liegt fast mitten in der Stadt Landsberg. Verbunden mit einer kleinen Wanderung geht es heute in die Lechauen von Landsberg.

Parken können wir in der Von-Kühlmann-Straße gegenüber der Altstadt am Lechufer. Dann starten wir direkt von den Lechufern. Zunächst geht es an der Lechpromenade mit den Kaskaden und Lechwasserfällen fluss-aufwärts. Schon hier gibt es viel zu schauen. An der Brücke überqueren wir den Fluss zur Altstadt. Die Stadt mit den kleinen Gassen und hübschen Plätzen besuchen wir am besten im Anschluss, nach dem Wildpark. Vielleicht gibt es dort später noch ein Eis. Unmittelbar nach der Brücke biegen wir rechts in den schmalen Durchgang mit der Beschilderung »Pöschinger Au«. Jetzt sind wir schon am Fluss und seinen Auwäldern. Wenig später überqueren wir die großen, in den Weg eingelassenen Wildgatter und sind mitten im Wildpark.

■ **Anfahrt:** Mit dem Auto: Von München auf der A 96 Richtung Lindau. Abfahrt Landsberg Nord, der Beschilderung in die Altstadt folgen.

■ **Öffnungszeiten:** Keine.

■ **Preise:** Kostenlos.

■ **Altersempfehlung:** Ab ca. 2 Jahre.

■ **Einkehr:** Am Ende des gesamten Wanderweges kann man im Gasthaus »Teufelsküche« mit Blick auf den großen Stausee einkehren. Hier werden im modernen Lounge-Ambiente vor allem einheimische Produkte angeboten. In der Altstadt von Landsberg selbst gibt es aber auch viele Einkehrmöglichkeiten. Vor allem am Lechufer und seiner Promenade sitzt man nett in Cafés und Eisdielen.

■ **Info:** Touristinfo: Landsberg, Hauptplatz 152, 86899 Landberg am Lech, Tel. 08191/128–247, www.landsberg.de

Das Besondere am Landsberger Wildpark ist seine Größe. Er ist so groß und von so vielen Wegen durchzogen, dass man sich nicht wie in einem der üblichen Wildparks mit Streichelgehege vorkommt, sondern einfach wie in einem sehr tierreichen Stück Wald. Vor allem im Herbst während der Brunftzeit ist das ein großes Spektakel. Dann streifen Hirsche auf der Suche nach willigen Hirschkühen durch das dicke Unterholz, vertreiben immer wieder Nebenbuhler und lassen sich dabei auch von den vielen menschlichen Besuchern nicht stören. Entlang dem Weg kommen wir auch an den großen Gehegen mit den Wildschweinen vorbei, die aus Sicherheitsgründen jedoch von uns abgezäunt sind. Die großen Keiler sind nun mal keine Schmusetiere und können sogar gewaltig beißen. Über einen Rundgang mit Waldlehrpfad kommen wir entweder direkt in die Altstadt zurück oder setzten mit ein wenig Ausdauer die Wanderung entlang dem Lech fort. Die vom Verkehr befreiten Wege führen über Schloss Pörring bis zum Ort Pitzling an der nächsten Staustufe. Direkt am Wasser liegt das beliebte Ausflugsrestaurant »Teufelsküche«. Bis dorthin sind es nur noch zusätzliche 20 Minuten Fußweg.

Die Rehe sind wild und doch zahm.

Tipp

Nach dem Besuch des Wildparks sollten wir unbedingt noch durch die malerische **Altstadt von Landsberg** bummeln. Zwischen engen Gassen und hübschen Plätzen finden sich viele kulturelle Kleinode, wie z. B. Stadttürme oder Kirchen. Besonders schön ist das Viertel der alten Salzhäuser oder Salzstadel, die direkt an den Lechufern liegen.

Im Herbst kann man den Tieren selbst gesammelte Kastanien, Eicheln und Äpfel mitbringen. Auch getrocknetes, schimmelfreies Brot ist willkommen. Offiziell gibt es aber ein Fütterungsverbot, denn Hirsche oder Rehböcke sind nun mal keine Schmusetiere. Es gibt einen schönen **Wasserspielplatz** direkt am Hang des Lechsteilufers an der freien Wiese bei den Wildschweingattern. Trockene Ersatzkleidung mitnehmen!

26 Märchenpark Schongau

Ponyspaß und Märchenwelt

Ein etwas kleinerer, aber sehr liebevoll gestalteter Märchenpark erwartet uns hier in Peiting bei Schongau. Er ist vor allem durch seine übersichtliche Größe für unsere Kleinsten ein erlebnisreiches Ausflugsziel, aber auch ältere Geschwister finden durch das Ponyreiten ihren Gefallen daran.

Der Märchenpark Schongau ist eine gute Mischung aus Märchengeschichten, Spielplatz und Wildpark. Mit »Es war einmal …« beginnen fast alle klassischen Märchen, und so können wir während eines Rundgangs in den zahlreichen kleinen, hölzernen Häuschen Märchen bis zum »… und wenn sie nicht gestorben sind, dann leben sie noch heute« anhören. Auf Knopfdruck geht in jedem Häuschen das Licht an und »Hänsel und Gretel«, »Die sieben Geißlein«, »Dornröschen«, »Tischlein deck dich«, »Schneewittchen«, »Die sieben Raben«, »Die Bremer Stadtmusikanten«, »Der Froschkönig« und noch viele andere Geschichten werden in Reimform erzählt. Die Figuren sind beweglich und vor allem für die kleineren Kinder allerliebst zum Beobachten. Zwischen den einzelnen Märchen gibt es immer wieder Tiergehege. So können wir in der kleinen Hasenstadt viele Langohren sehen, aber auch Schafe und Ziegen, ein kleines Dammwild-

■ **Anfahrt:** Mit dem Auto: Von München über die A 96 nach Landsberg, auf der B 17 nach Schongau, Ausfahrt Schongau-West, von dort ist der Weg zum Märchenpark ausgeschildert. Viele Parkplätze vorhanden.
■ **Öffnungszeiten:** In der Sommersaison täglich, März/April/Oktober 10–18 Uhr, Mai bis September 9–19 Uhr.
In der Wintersaison nur Samstag und Sonntag von 10–17 Uhr.
■ **Preise:** Kinder: 4 Euro, Erwachsene: 4,50 Euro.
■ **Altersempfehlung:** Ab ca. 2 Jahre.
■ **Einkehr:** Gaststätte »Märchenwald« mit großer Sonnenterrasse, direkt an den Spielplätzen gelegen. Extra Kinderkarte.
■ **Info:** Schongauer Märchenwald und Tierpark, Dießenerstr. 6, 86956 Schongau, Tel. 08861/7527, www.schongauer-maerchenwald.de

gehege und Enten, Meerschweinchen oder langbeinige Nandus, die fast ein wenig wie ein Vogel Strauß aussehen. Praktischerweise ist der Spielplatz direkt vor dem Restaurant mit seiner großen Sonnenterrasse.

Der Höhepunkt des Parks sind aber mit Sicherheit die Ponys, die wir für eine halbe Stunde mieten können. Dafür besorgen wir uns am Eingang für vier Euro extra Reittickets, und schon geht es los. Sicher geführt von Elternhand reiten unsere Kinder auf den Pferden durch das Gelände. Die Ponys sind lammfromm, und es gehört nicht viel Übung dazu. Wer sich das nicht allein zutraut, kann für das gleiche Geld auch geführt werden. Dann jedoch nur für 15 Minuten. Mit Sicherheit ein einmaliges Erlebnis, das sich fest in der Kindererinnerung verankern wird.

Tipp

Der Märchenwald gehört zur nahen Stadt **Schongau**, die einen weiteren Ausflug wert ist. In der historischen Altstadt haben wir die Möglichkeit, durch die malerische Marktstraße mit dem großen Rathaus auf dem Marktplatz zu spazieren und auf der gut erhaltenen Stadtmauer zu laufen. Besonders der hölzerne Wehrgang oberhalb der Stadtmauer mit seinen Pechnasen und Schießscharten ist sehr spannend.

Liebevoll sind die Märchen dargestellt.

27 Kanutour auf der Altmühl

Altmühlindianer

Freizeit mit der Familie in der Natur zu verbringen, liegt voll im Trend, und deshalb sind auch Kanutouren »en vogue«. Früher hatte diese Sportart eine eher kleine Fangemeinde, doch seit überall Bootsverleihe aus dem Boden schießen, wird gern gepaddelt.

Früher mussten die hohen Anschaffungskosten für ein Boot getragen werden, und auch der Transport war keine einfache Sache. Heute geht es für Anfänger sehr viel leichter. An vielen Flüssen und Seen in Oberbayern lassen sich Boote mieten. Das ist sehr praktisch und hat viele Vorteile. Das Boot wartet bereits abfahrtbereit auf dem Wasser. Die benötigte Ausrüstung wie Schwimmwesten oder wasserfeste Transporttonnen werden gestellt. Natürlich werden für eine Tour nur die schönsten Streckenabschnitte ausgesucht. Und von großem Vorteil ist der Transportservice mit dem Bus zurück zum Ausgangsort.

■ **Anfahrt:** Mit dem Auto: Auf der A 9 Richtung Ingolstadt, Ausfahrt Ingolstadt Süd, der Beschilderung nach Eichstätt im Altmühltal folgen. Von dort flussaufwärts weiter nach Solnhofen.
Fahrzeiten: Family-Bootstour: Täglich, Abfahrt in Solnhofen um 11–13 Uhr.
■ **Preise:** Family-Bootstour: 2 Erwachsene, 2 Kinder im Vierer-Kanadier: 60 Euro.
■ **Altersempfehlung:** Ab ca. 5 Jahre.
■ **Einkehr:** Unterwegs hat man praktisch keine Zeit, in einen der Biergärten einzukehren. Besser ist es, eine kleine Brotzeit und viele Getränke mitzubringen. Sie lassen sich gut in der wasserdichten Tonne des Bootes verstauen. Sowohl in Dollstein als auch in Sonthofen gibt es verschiedene Wirtschaften.
■ **Info:** San-aktiv-Tour, Otto-Dietrichstr. 3, 91710 Gunzenhausen, Tel. 09831/49 36. Weitere Anbieter und Informationen zum Bootswandern bekommt man auch unter: Informationszentrum Naturpark Altmühltal, Notre Dame 1, 85072 Eichstätt, Tel. 08421/987 60, www.san-aktiv-tours.de, www.naturpark-altmuehltal.de

Für unseren ersten Versuch haben wir die Altmühl ausgewählt. Der Fluss ist für Anfänger hervorragend geeignet, es gibt keine Stromschnellen, Schwierigkeiten oder Hindernisse zu bewältigen, die uns Landratten das Schwimmen lehren würde. Aber trotzdem aufgepasst! Ein bisschen kippelig sind die Kanus schon. Besonders mit zwei lebhaften Kindern an Bord, die permanent zwischen den Ufern etwas entdecken und von einer Seite zur anderen rutschen. So naturbelassen und gemächlich die Altmühl auch ist, reinfallen wollte ich persönlich nicht unbedingt. Die Strecke führt zwölf Kilometer von Dollnstein nach Solnhofen an einigen der schönsten Naturwunder des Altmühltals vorbei.

Unterwegs durften wir drei kleine Wehre passieren. Entweder, indem wir das Schiff vorher aus der Strömung manövrierten, dann ein paar Schritte über Land zogen und es auf der anderen Seite des Wehres wieder ins Wasser setzten. Lustiger ist es jedoch, die Bootsrutsche zu benutzen und dann schnell mit dem Wasser über das Wehr zu gleiten. Wobei ein solches Vorhaben ein wenig Mut zum Risiko bzw. zum Badengehen benötigt. Spaß macht es definitiv. Wir können ja vorher erst einmal anhalten und den anderen Bootsfahrern zusehen. An den jeweiligen Traversen ist auch der beste Platz für ein Picknick am Flussufer oder eine kleine Pause. Wir dürfen uns aber nicht zu lange aufhalten, denn der Bus für den Rücktransport wartet nicht extra auf uns. Die letzten Flusskilometer sitzen einem dann zum Schluss ganz schön in den Oberarmen. Das Paddeln ist eben doch eine Muskelbewegung, die wir nicht jedes Wochenende praktizieren.

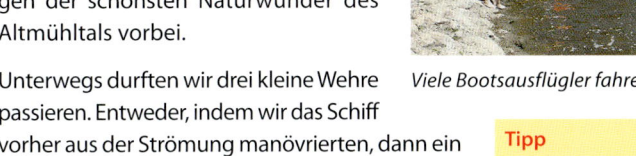

Viele Bootsausflügler fahren auf der Altmühl.

Tipp

Wir haben für diese Tour den Anbieter San-aktiv-Tour gewählt. Es gibt jedoch eine ganze Reihe **Kanuverleih-Stationen** entlang der Altmühl. Selbstverständlich lassen sich auch kürzere und längere Touren bzw. ganze Kombipakete buchen. Weitere Adressen: www.kanuuh.de, www.kanuverleih-altmuehltal.de, www.natour.de Unbedingt an den kompletten **Sonnenschutz** (Creme, Hut, Shirt) denken. Es gibt wenig Schatten und während der drei Stunden sitzt man fast die ganze Zeit auf dem Wasser in der Sonne.

28 Moorerlebnispfad bei Bad Feilnbach

Sterntaler Filze

In Bad Feilnbach leben 7000 Einwohner und 6000 Kühe. Ein Beweis dafür, dass es der Gemeinde trotz des Attributs »Bad« gelungen ist, seinen dörflichen Charakter zu erhalten. Das Moorbaden hat hier bereits seit über 100 Jahren Tradition.

Bekannter ist der Kurort Bad Feilnbach aber für seine ausgezeichneten Obstsorten, allen voran den Apfel. Die ertragreiche Obstkultur rund um Bad Feilnbach verdankt ihr Entstehen dem Heidenbauer aus dem nahen Wilparting. Er pflanzte bereits 1785 die ersten Obstbäume, veredelte Wildwuchs und begründete eine Baumschule. Noch heute werden jährlich ca. 300 Tonnen Äpfel, 50 Tonnen Birnen, 85 Tonnen Zwetschgen und 15 Tonnen Kirschen geerntet. Bei so reichem Ertrag kann man sich vorstellen, dass sich im Frühjahr die Streuobstwiesen rund um Bad Feilnbach in ein

■ **Anfahrt:** Mit dem Auto: Salzburger Autobahn A 8, Ausfahrt Bad Aibling/ Bad Feilnbach, Weiterfahrt nach Bad Feilnbach. Parkplätze gibt es leider keine, und die Sterntaler Filze liegt außerhalb des Ortes. Am besten parkt man in Litzldorf am »Gasthaus Höss«, in Derndorf am »Tiroler Hof« oder in Wiechs. Wer den Besuch mit einer Radtour verbindet, startet aus dem Ortskern von Feilnbach.

■ **Öffnungszeiten:** Das ganze Jahr über, am schönsten ist es im Frühjahr oder im Sommer.

■ **Preise:** Kostenlos.

■ **Altersempfehlung:** Ab ca. 4 Jahre.

■ **Einkehr:** In Bad Feilnbach gibt es das sehr gute Gasthaus »Pfeiffentaler« mit hervorragender, unverfälscht bayerischer Küche. In der Moorerlebnisstation gibt es Rastbänke mit Tischen.

■ **Info:** Tourist-Information Bad Feilnbach, Bahnhofstr. 5, 83075 Bad Feilnbach, Tel. 08066/14 44, www.bad-feilnach.de

einziges duftendes Blütenmeer verwandeln. An die 50 000 Obstbäume machen Bad Feilnbach zum »bayerischen Meran«.

Ein anderes typisches Landschaftsbild dieser Gegend sind die weiten Moore und Filzen, die sich zwischen Bad Aibling, Kolbermoor, Rosenheim und Bad Feilnbach erstrecken. Diese Moore entstanden nach der letzten Eiszeit. Nach dem Abschmelzen des riesigen Inntalgletschers bildete sich hier in der Größe des heutigen Bodensees zunächst der Rosenheimer See. Als der See verlandete, blieben die Hochmoore, der bayerische Begriff dafür ist Filzen, zurück. In den letzten Jahrhunderten wurde das Land trockengelegt und fruchtbar gemacht. Zusätzlich wurde Torf abgebaut, um Brennstoff zu gewinnen. Diese Umwandlung von Natur in Wirtschaftsflächen findet hier nun schon lange nicht mehr statt, und vor allem in den letzten Jahrzehnten versuchte man, viel wiedergutzumachen. Renaturierungsprojekte folgten, und heute sind einige, wenn auch nur kleine Teile erneut zu einem fast intakten Ökosystem zurückgebildet.

Eines davon ist die Sterntaler Filze. Im Rahmen eines EU-Förderprojekts wurde hier die Moorerlebnisstation errichtet. Damit wird das fragile Moorsystem einer breiten Öffentlichkeit zugänglich gemacht. Das Ganze aber ohne erhobenen Zeigefinger und reine Wissensvermittlung. Vielmehr stehen der Spaß am Entdecken und die Freude an der intakten Natur im Vordergrund. Auf Rundwegen gelangen wir über Moorbecken zur renaturierten Frästorffläche. Von extra errichteten Aussichtshügeln und Vogelbeobachtungsstationen kann man die Weite der Moore mit ihren großen Wasserflächen gut erfassen. Es gibt einen Urwald der Sinne und die sehr beliebten Balancier- und Kletterstangen. Letztere führen zur großen Freude der Kinder über ein großes Moorschlammbecken. Nur

Planen Sie das Urweltmuseum Niederhell ein!

Tipp

Tipp

Dieser Ausflug lässt sich am besten mit einer **Fahrradtour** verbinden. Um alle Sehenswürdigkeiten zu besuchen, wäre es zu Fuß einfach zu weit. Die Entfernungen sind für Radanfänger nicht zu groß und die Straßen so gut wie gar nicht von Autos befahren. Fahrradschloss nicht vergessen. Am Eingang zur Sternaler Filze müssen die Räder abgestellt werden. Jedes Jahr im Oktober gibt es in Bad Feilnbach Bayerns größten **Apfelmarkt**. Ein Fest für die gesamte Familie. Kulinarische Köstlichkeiten, Musik, Streichelzoo, selbst gepresster Apfelsaft, Kutschenfahrten und natürlich viel Wissenswertes rund um den Apfel wird geboten.

für die Kleidung ist es ein gewisses Risiko, was das Ganze aber umso spannender macht. Also liebe Mamas und Papas, Kleidung zum Wechseln und eine große Plastiktüte für die schlammverdreckten Sachen nicht vergessen! Und den Kindern vorher unbedingt die Schuhe ausziehen!

Für Dinosaurierfans ist das nahe Urweltmuseum Neiderhell (Steinbruckerstr. 4, Kleinholzhausen) einen Abstecher wert, das 2001 von privater Hand eröffnet wurde. Seit 50 Jahren sammelt Familie Neiderhell fossile Versteinerungen, Mineralien und Ähnliches aus aller Welt. Neben Ammoniten, Dinosauriereiern, Fossilien, darunter der seltene Kugelzahnfisch, sind versteinerte Bäume und eine riesige Mineraliensammlung auf 460 Quadratmetern ausgestellt.

Auf Fichtenrundlingen klettern wir zum Aussichtsturm.

Almbachklamm bei Marktschellenberg

29

Der Lauf des Wassers

Es ist eine Tatsache, dass viele Kinder beim Wandern erst einmal nörgeln und nicht so recht wollen. Aber wahrscheinlich liegt es am Ursprung des eigenen Lebens, dass eine Wanderung am Wasser entlang genau das Gegenteil bewirkt.

Besonders in einer spannenden Bergklamm laufen Kinder wie von allein und merken gar nicht, dass sie sogar anstrengende Höhenmeter zurücklegen. Das müssen wir, selbst wanderbegeistert, nutzen und wählen deshalb häufig wasserreiche Ziele. Die Almbachklamm ist ein solches und bietet vor allem nach der Klammbegehung noch verschiedene, je nach Kondition der Kinder, weiterführende Wandermöglichkeiten. Gleich zu Beginn lässt uns die Marmorkugelmühle ein wenig staunen. Einst gab es

■ **Anfahrt:** Von München auf der A 8 Richtung Salzburg, Ausfahrt Reichenhall, auf der B 20 über Reichenhall und Berchtesgaden Richtung Marktschellenberg. Der Weg zur Klamm ist ausgeschildert, sie liegt 3 Kilometer südlich von Marktschellenberg. Parkplätze vorhanden.

■ **Öffnungszeiten:** Von Mai bis Oktober täglich 8–18Uhr, bei schlechtem Wetter können sich die Öffnungszeiten ändern.

■ **Preise:** Kinder (6–16 Jahre): 1,50 Euro, Erwachsene: 3 Euro.

■ **Altersempfehlung:** Je nach Wanderlust und Ausdauer für Kinder ab 3 Jahre möglich. Sie schaffen es durch die Klamm, für den weiteren Weg aber eine Kraxe mitnehmen.

■ **Einkehr:** Am Eingang der Klamm liegt das Gasthaus »Kugelmühle« mit einem malerischen Biergarten und Spielplatz. Nach dem Aufstieg aus der Klamm können wir uns aber auch beim Mesnerwirt neben der Ettenberger Wallfahrtskirche stärken.

■ **Info:** Almbachklamm, direkt an der B 305 zwischen Marktschellenberg und Berchtesgaden gelegen. Touristinformation Marktschellenberg, Salzburger Str. 2, 83487 Marktschellenberg, Tel. 08650/98 88 30, www.marktschellenberg.de

Die Kugelmühle erklärt sich am besten vor Ort.

40 davon, und sie waren ein kleiner Wirtschaftszweig, der vor allem bei den ärmeren Bergbauern für eine zusätzliche Verdienstmöglichkeit sorgte. In den besten Zeiten wurden im Jahr an die 800 Zentner (ein Zentner waren ungefähr 100 Kugeln) Murmeln, auch Schusser oder Marmeln genannt, durch Wasserkraft produziert. Heute betreiben die Wirtsleute des Gasthauses die Kugelmühle nur noch für Gäste und Touristen, und man kann die marmornen Kunstwerke im Kiosk kaufen.

Gleich hinter der Mühle liegt der Eingang zur Klamm, durch die bis in die Sechzigerjahre noch Baumstämme zur Holzverarbeitung gedriftet wurden. Auf gut gesicherten Stegen, Wegen und Brücken geht es nun am rauschenden und brodelnden Wasser entlang. Das Wasser umtost Gesteinsbrocken, bildet tief grüne, klare Gumpen, plätschert auch mal sacht dahin und stürzt im nächsten Augenblick über einen Wasserfall in die Tiefe. Wasser kommt nieselnd von oben, die Felswände ragen steil über unseren Köpfen empor. Jetzt können wir uns die Kraft des Wassers am besten vorstellen, erklären und verstehen. Im Laufe der Jahrmillionen hat das Wasser des Almbaches durch mitführendes Geröll das Bachbett im Gestein so sehr ausgehöhlt, dass eine tiefe Klamm entstand. Ende des 19. Jahrhunderts wurde der erste Weg durch die Klamm für Bergsteiger angelegt.

Aber bereits vorher wurde die Klamm mit ihrer Wasserkraft vor allem von den Holzarbeitern genutzt.

1834 entstand am oberen Ende der Klamm eine Staumauer, die Theresien-klause. Wenn die Holzknechte Bäume schlugen, wurden die Stämme einfach in die enge Schlucht geworfen. Hinter der Staumauer ließen sich 150 Kubikmeter Wasser aufstauen, das dann nach Schleusenöffnung mit großem Schwall durch die Klamm rauschte und alle Holzstämme ins Tal riss. Der Steg am Gasthaus »Kugelmühle« diente als Auffangbecken für das gedriftete Holz. Aber auch ohne Stau-mauer kann sich das Wasser in der Klamm entfesseln. Nach einem Unwetter im Sommer 1998 wurden die Wege und Befestigungen in der Schlucht fast vollständig zerstört und weggerissen. Mit unvorstell-barer Naturgewalt rauschte das Wasser ins Tal. Heute ist jedoch alles wieder saniert und begehbar.

Je weiter wir nach oben gelangen, umso mehr beruhigt sich das Wasserspektakel. Wir kommen zur Abzweigung nach Ettenberg. Hier führt unsere Wanderung dann wei-ter. Vorher geht es aber noch zwei Stege weiter bis zum Sulzer Wasser-fall. Zurück zur Abzweigung stei-gen wir dann durch den Bergwald hinauf bis zum Mesnerwirt an der barocken Ettenberger Kirche. Von dort geht es zunächst über Wiesen und dann über die Hammerstiel-wand hinab bis zum Ausgangspunkt.

Tipp

Vor allem bei sehr heißem Wetter ist die Wanderung durch die kühle **Klamm** erfrischend, und im oberen Schluchtbereich lässt es sich dann herrlich am Bachbett spielen.

Grün schimmert das Wasser in der Schlucht.

30 Durch die Partnachklamm

Wasser in all seinen Formen

Hier muss kein Kind stundenlang auf einer öden Bergtour hinter seinen Eltern herhecheln und sie permanent mit der Klage nerven: »Ich kann nicht mehr …«. Geradezu magisch werden unsere Sprösslinge vom Element des Wassers angezogen, und genau das steht im Mittelpunkt dieses Ausflugs.

Das Besondere an der Partnachklamm ist, dass wir sie das ganze Jahr begehen können. Sogar im Winter, und gerade dann ist der Ausflug eine Reise ins Märchenland der Eiskönigin. Während es in den Sommermonaten rauscht, tropft, spritzt und feucht ist, herrscht im Winter fast schon unheimliche Stille. Überall hängen Eiszapfen vom Fels, die Wände sind von Eiskristallen bedeckt und unter einem brodelt nur leise das Wasser. Eine ganz eigene magische Stimmung.

■ **Anfahrt:** Mit dem Auto: Garmischer Autobahn A 95 bis Autobahnende, dann weiter über Oberau, Farchant nach Garmisch. Parken an den Skisprungschanzen oder am Olympiaskistadion. Mit der Bahn: Zugverbindung München–Garmisch, vom Bahnhof etwas über 1 Kilometer zum Stadion.

■ **Öffnungszeiten:** Das ganze Jahr über täglich von 8–18 Uhr, bei Hochwasser geschlossen.

■ **Preise:** Partnachklamm: Kinder (6–16 Jahre): 1 Euro, Erwachsene: 2 Euro.

■ **Altersempfehlung:** Ab ca. 3 Jahre, dann aber mit Kraxe; sonst je nach Kondition der Wanderer.

■ **Einkehr:** Unterwegs kann man zwischen dem Gasthof »Wamberg«, Gasthof »Eckbauer« oder dem Gasthof »Graseck« wählen. Daneben gibt es noch eine Reihe kleinerer Hütten und Gasthäuser, sodass man auf dieser Tour wirklich nicht verhungern muss. In der Ortsmitte von Garmisch ist für jeden Geschmack etwas dabei.

■ **Info:** Partnachklamm, nahe Olympiaskistadion in Garmisch-Partenkirchen. Tourismus Garmisch-Partenkirchen, Richard Strauss Platz 1a, 82467 Garmisch-Partenkirchen, Tel. 08821/180–700, www.garmisch-partenkirchen.de

Der Ausflug beginnt bereits am Parkplatz des Olympiaskistadions. Hier können wir wählen, ob wir bequem mit einer Pferdekutsche bis zur Klamm fahren oder vom Start weg auf Schusters Rappen marschieren (30 Minuten zusätzlich). Nachdem wir am Klammhäuschen Eintritt bezahlt haben, wird's schon dunkler und unheimlicher. Auf sicheren hölzernen Brücken und Stegen wandern wir mal mehr, mal weniger nah am Wasser entlang und gewinnen dabei unmerklich an Höhe. Auf 800 Meter hat sich der Wildbach Partnach ein bis zu 80 Metern tiefes Bett senkrecht in den Fels gegraben. Dort, wo die Schlucht sich weitet, haben wir das Ende erreicht, und schon bietet sich hier im Sommer ein schöner Rastplatz an.

Eisig wird's im Winter!

Im breiten, steinigen Bachbett können unsere Hydroexperten Wasser stauen, Kanäle anlegen, kleine Tümpel mit Rinnsalen verbinden oder nur so vor sich hin plantschen und nass werden. Weiter geht es Richtung Vordergraseck. Nun treffen wir die nächste Entscheidung. Wandern wir von hier über die Eiserne Brücke oberhalb der Klamm bis zum Ausgang der Schlucht zurück, oder wählen wir den längeren Weg und besuchen noch den Berggasthof »Eckbauer«? Mit seiner sonnigen, grandiosen Aussichtsterrasse und dem kleinen Kinderspielplatz ist die Wirtschaft hervorragend für eine Einkehr geeignet. Gratis dazu gibt es die beeindruckende Sicht auf das Estergebirge und das Wettersteinmassiv. Ab hier lässt sich die Tour durch die Eckbauer-Seilbahn verkürzen.

Tipp

Für die **Klamm** sollte man eine wärmende Jacke mitnehmen. Sie ist das ganze Jahr begehbar, nur zur Frühjahrsschmelze kann sie wegen Hochwasser oder Eiszapfen-Abbruch-Gefahr gesperrt sein.
Wenn der Schnee sehr hoch liegt, wird es für Kinder sehr mühsam zu stapfen. Auch mit Schlitten ist es nicht ratsam, durch die Klamm zu wandern.

Nach der Wanderung gibt es vielleicht noch eine Belohnung. Direkt am Fuß der neuen Skisprungschanze liegt die Sommerrodelbahn. Bei trockenem Wetter kann man hier auf einer Länge von 650 Metern den Hang hinunterflitzen.

In den Indoorspielplätzen
dürfen wir uns so richtig
austoben.

Abenteuer drinnen

31 Sealife im Olympiapark

München liegt am Mittelmeer

München wird oft als die nördlichste Stadt Italiens bezeichnet. Am mediterranen Klima kann es nicht liegen, eher ist die Sehnsucht nach dem Mittelmeer gemeint. Und um den Weg dorthin zu verkürzen, hat sich München ein Stück Mittelmeer ins Stadtzentrum geholt.

■ **Anfahrt:** Mit dem Auto: Direkt im Olympiapark zwischen Olympiaturm und Eishalle gelegen, kostenpflichtige Parkplätze. Mit der Bahn: Mit der U-Bahn U3 bis Endstation »Olympiapark«, von dort ist der Weg zum Olympiagelände ausgeschildert.

■ **Öffnungszeiten:** Sealife: Täglich von 10–18 Uhr, letzter Einlass um 18 Uhr.

■ **Preise:** Kinder: 10,50 Euro, Erwachsene: 15,95 Euro, Online-Tickets sind günstiger.

■ **Altersempfehlung:** Ab 3 Jahre.

■ **Einkehr:** Sealife: Hier gibt es nur Getränkeautomaten und Süßes aus dem Souvenirshop.

■ **Info:** Sealife München, Willi-Daume-Platz 1, Olympiapark 80809 München, Tel. 089/450 00–0, www.sealifeeurope.com

Seit dem Frühjahr 2006 ist das Sealife im Olympiapark eröffnet. In 30 Wasserbecken mit immerhin 700 000 Litern Süß- und Salzwasser tummeln sich 100 Wassertiere verschiedenster Arten. Hier wird Lernen zum Erlebnis. Erwarten Sie aber keine amerikanisierte Sea-World-Show mit dressierten Delfinen und Walen. Vielmehr geht es um heimische Gewässer und ihre Artenvielfalt, wobei wir das Mittelmeer großzügig als heimisch betrachten. Im Januar 2008 wurde die Artenvielfalt noch um einen tropischen Bereich erweitert, der nun sogar etwas Exotik nach München bringt.

Der Rundgang beginnt zunächst klassisch an der Isar mit zwar eher kleinen Becken, aber schon hier ist alles sehr kinderfreundlich ausgerichtet. Die Becken sind nur ca. 1,30 Meter hoch, so können wir von allen Seiten die Tiere beobachten. Sogar zwischen den künstlichen Felsen gibt es in Kniehöhe immer wieder Gucklöcher, die neue Perspektiven ermöglichen. So fließen wir einfach mit, von Becken zu Becken, von der Isar in die Donau, treppabwärts bis ins Donaudelta, in dem große Störe zwischen Baumwurzeln ihre Bahnen ziehen. Von dort geht es in ein Hafenbecken des Schwarzen Meeres, an dem wir durch das ständig schwappende Wasser wirklich Urlaubsgefühle entwickeln. Hier ist auch der »Touching Pool«, wo wir mit aufgekrempelten Ärmeln Wachsrosen und Rocheneier zwischen Seesternen anfassen dürfen. Sealife-Mitarbeiter passen auf und antworten geduldig auf alle Fragen zu ihren Schützlingen. Durch einen in blaues Licht getauchten Goldbrassenschwarm erreichen wir den S.O.S-Raum. Als »Botschafter der Meere« verpflichtet sich Sealife zu Erhalt, Schutz und Erforschung der Meere und ihrer Bewohner.

Entlang dem gesamten Rundgang können wir zusätzlich an Schautafeln Rätsel lösen und lernen. Nach dem Erlebniskino sind wir dann endlich am Mittelmeer angekommen. Im Hafen schwimmen viele Rochenarten. Sie sind sehr neugierig und strecken immer wieder ihre Köpfe aus dem Wasser. Hier verfliegt die Zeit. Doch das große »Hai-light« im Meerestunnel wartet noch auf uns. Neben Bayerns einzigen Meeresschildkröten zie-

Anfassen erlaubt!

hen über unseren Köpfen Schwarzspitzenhaie, Doggenhaie, Kuhnasenrochen, Doktorfische, Drückerfische und Clyde, ein stattlicher Ammenhai, zwischen vielen anderen tropischen Fischen ihre Kreise durch die künstliche, versunkene Stadt. Von unten sehen sie fast klein aus. Trotzdem haben

wir auf einmal die Titelmelodie von »Der weiße Hai« im Ohr. »Alles Schwachsinn«, erklären die Sealife-Mitarbeiter. Haie sind zwar neugierig, aber im Großen und Ganzen eher ängstlich und bevorzugen als Nahrung Fisch. Solange sie ständig gefüttert werden, lassen sie sogar ihre Mitbewohner in Ruhe, denn zum Jagen sind sie dann zu faul. Leider ist unser »Kurzurlaub« viel zu schnell vorbei, und über den obligatorischen Souvenirladen verlassen wir das Mittelmeer. Durch das Glasdach sehen wir den Olympiaturm, der sich als Zusatzprogramm anbietet.

Tipp

Im Sealife gibt es Aufzüge für Kinderwägen oder Rollstühle. Es eignet sich für **Kindergeburtstage** genauso wie für **Schulklassen**. Die schönste Zeit für eine Fahrt auf den Olympiaturm ist der Sonnenuntergang. Wenn in München zur Dämmerung die Lichter angehen, entsteht eine fast magische Stimmung.

32 Kinder- und Jugendmuseum München

Immer wieder und einfach anders!

Über 5000 Besucher sind im Kinder- und Jugendmuseum schon glücklich geworden. Kein Wunder, denn die Kinder und Eltern, die einmal da waren, kommen meistens auch ein zweites Mal.

Das Museum ist nämlich keine klassische Museumsausstellung mit einem festen Thema. Jährlich wechselt bis zu dreimal das komplette Programm. Dabei gab es schon sehr viele verschiedene Ausstellungen, Kunstaktionen und Erlebnisräume. Die letzte Ausstellung war »Iss Was?« – in der sich alles rund ums Essen, Entdecken und Schmecken drehte. Dazu wurde na-

■ **Anfahrt:** Direkt in der Münchner Innenstadt am Hauptbahnhof im sogenannten Starnberger Flügelbahnhof. Nur am Wochenende kann man kostenlose Parkplätze finden, besser ist die Anreise mit öffentlichen Verkehrsmitteln.

■ **Öffnungszeiten:** Dienstag bis Freitag 14–17.30 Uhr, am Wochenende und feiertags sowie in den Ferien 11–17.30 Uhr, Montag Ruhetag, geschlossen an Weihnachten, Neujahr und während der Ausstellungswechsel.

■ **Preise:** Pro Person: 4,50 Euro, Familienkarte: 11,50 Euro, Jahreskarte: 32 Euro.

■ **Altersempfehlung:** Von 4–12 Jahre. Es ist jedoch von Vorteil, wenn die Kinder schon ein wenig lesen können.

■ **Einkehr:** Essen darf mitgebracht werden, es gibt aber wenige Sitzgelegenheiten. Direkt neben dem Museum, im neu gestalteten Reisezentrum des Hauptbahnhofs, hat man die Qual der Wahl zwischen vielen verschiedenen Imbissständen und kleineren Restaurants. Garniert mit dem Reiseflair ankommender Züge.

■ **Info:** Kinder- und Jugendmuseum München e. V., Arnulfstr. 3 (Starnberger Flügelbahnhof) 80335 München, Tel. 089/54540880, www.kindermuseum-muenchen.de; auf der Internetseite des Museums gibt es einen Link zur Seite »KinderDigitalMuseum« (www.kidimu.de) mit tollen kindgerechten Spielen.

türlich in der Werkstatt gehörig gekocht, gebrutzelt und gebraten. Das Motto zuvor lautete »Vom Krach zum Bach«. Hier konnten die Kinder in der Musikwerkstatt einmal alle möglichen Musikinstrumente ausprobieren. Schön war »Papier la Papp«, mit 25 Stationen zur Papiergeschichte und einer Werkstatt zum kreativen Papierschöpfen oder Buchbinden. »Rund um Salze – von der Saline zur Salzlette« gab es auch schon sowie Ausstellungen über Seifenblasen, Chemie, Klangkörper oder den Tod.

Tipp

Nach Voranmeldung lässt sich prima der **Kindergeburtstag** im Museum feiern. Verpflegung wie Geburtstagskuchen etc. darf mitgebracht werden.

Das Museum bietet auch ein **Verleihprogramm**. Ausstellungen bzw. Teile davon kann man für sich selbst, Vereine oder die Schule ausleihen.

Während der Fußballweltmeisterschaft drehte sich natürlich alles »Rund« um das Thema Fairplay. Die Teamleitung des Kinder- und Jugendmuseums lässt sich wirklich immer neue Themen einfallen, die spannend und kindgerecht aufbereitet werden. Die Kinder selbst erobern die jeweiligen Ausstellungen selbstständig und neugierig. Genau das ist eines der pädagogischen Ziele des Museums. Freie Erfahrungen dürfen gesammelt werden. Spielerisches Auseinandersetzen mit den Themen lässt neue Zusammenhänge klar werden, kreatives Mitmachen fördert die Fantasie und an aktiven Experimenten lernen wir fürs Leben. Dabei sind oft alle Sinne gefragt. »Bitte anfassen« ist die Devise, aber auch, riechen, hören, fühlen und anschauen.

Zu jeder Ausstellung gibt es ein breit gefächertes Rahmenprogramm und eine themenbezogene Kreativwerkstatt, zu der nur Kinder Zugang haben. Diese ist das eigentliche Herzstück, und dafür sollte man unbedingt etwas Zeit mitbringen.

Mitmachen macht Spaß!

33 Im Museum Mensch und Natur

Naturkunde als Erlebnis

Das Museum für Mensch und Natur ist einer der Hits auf der Münchner Liste von Freizeitzielen mit Kindern. Unsere Kinder jubeln laut und freuen sich jedes Jahr wieder auf einen Besuch in Nymphenburg.

Und auch für uns Eltern ist es – vor allem an Regentagen – ein gern gewähltes Freizeitziel, denn es gibt immer wieder etwas Neues, das wir noch nicht kennen oder beim letzten Besuch nicht mehr geschafft haben. In den verschiedenen Abteilungen ist alles spannend, zum Mitmachen und kindgerecht dargestellt. Im Erdgeschoss gelangen wir zur Ausstellung »Unruhiger Planet Erde«. Dunkelheit umfasst uns, und wie in einem Theater können wir am Urwelt-Diorama die Erde vor vier Milliarden Jahren er-

---

■ **Anfahrt:** Mit dem Auto: Direkt in den Münchner Stadtteil Nymphenburg, das Museum ist im nördlichen Flügel des Schlosses untergebracht. Parkplätze vorhanden. Mit der Bahn: Straßenbahnlinie 17 vom Hauptbahnhof bis Haltestelle »Schloss Nymphenburg« oder S-Bahn-Haltestelle »Laim«, dann mit Bus 41 Richtung Olympiazentrum, Haltestelle »Nymphenburg«, www.musmn.de

■ **Öffnungszeiten:** Dienstag, Mittwoch, Freitag von 9–17 Uhr, Donnerstag bis 20, an Sams-, Sonn- und Feiertagen von 10–18 Uhr.

■ **Preise:** Kinder unter 18 Jahre haben freien Eintritt, Erwachsene: 3 Euro, sonntags nur 1 Euro.

■ **Charakter:** Das Museum Mensch und Natur präsentiert seine Ausstellung rund um die Natur pädagogisch sehr geschickt. Spielerisch mit vielen Knöpfen, Quiz und Tests haben nicht nur Kinder Spaß daran, Neues aus dem Bereich der Natur zu erfahren.

■ **Altersempfehlung:** Ab 4 Jahre. Leichter ist es aber, wenn die Kinder schon selbst lesen können.

■ **Einkehr:** Im Museum gibt es eine Cafeteria.

■ **Info:** Museum Mensch und Natur, Schloss Nymphenburg, 80638 München, Tel. 089/17 95 89–0, www.musmn.de.

leben. Wir erfahren alles über die Kontinentaldrift, Vulkane und Erdbeben. Weiter geht es zur »Geschichte des Lebens«. Zur großen Freude der Kinder sind natürlich auch Dinosaurier dabei.

Im oberen Stockwerk ist dann das Herzstück des Museums. Hier dürfen die Kinder spielerisch Naturkunde lernen. An jeder Menge Schautafeln, Fenstern und Kästen können wir per Knopfdruck Rätsel lösen, Vogelstimmen hören, Tiergattungen richtig zuordnen, durch Lupen schauen, Brut- und Nistplätze finden und vieles mehr. Dieses einzigartige Lernparadies ist für Groß und Klein gedacht. Durch Leuchtdioden oder Klappen erfahren wir, ob wir mit unserem Ergebnis richtig lagen. Im gleichen Stockwerk liegt die Abteilung »Nerven und Gehirn«. Auch hier dürfen wir Knöpfe drücken und lernen so spielerisch etwas über unseren Körper. Es finden immer wieder Sonderausstellungen statt, die mindestens einmal im Jahr wechseln.

Seit März 2008 zeigt das Museum den bis heute wirklich letzten bayerischen Bären »Bruno« oder »JJ1«, der nur kurz in Bayern leben durfte, bis er im Frühsommer 2006 erschossen werden musste. Bruno wird nicht nur als fertig präpariertes Objekt dargestellt, vielmehr versucht man, die gesamte Problematik rund um die Ereignisse mit dem »Problembären« und die Konsequenzen darzustellen.

> **Tipp**
> Verbinden Sie doch einen Besuch des Museums Mensch und Natur mit einem Besuch im **Botanischen Garten** (siehe Tour 39) oder einem Spaziergang durch den **Nymphenburger Park**.
> Noch mehr Dinosaurier gibt es in München im **Paläontologischen Museum**.

Erlebte Naturkunde

34 Münchner Theater für Kinder

Im Land der Märchen

Kurz vor Silvester 1967 hatte im Theater für Kinder, das damals noch in der Leopoldstraße war, das allererste Stück Premiere: »Schneeweißchen und Rosenrot«. Es wurde ein riesiger Erfolg, und viele weitere Stücke folgten.

■ **Anfahrt:** Mit dem Auto: Liegt mitten in München, schwierige Parkplatzsuche. Mit der Bahn: Mit der U-Bahn U1 bis Haltestelle »Stiglmaierplatz« oder bis zum Münchner Hauptbahnhof, von dort ca. 8 Min. Fußweg.

■ **Öffnungszeiten:** Kartenbestellungen täglich von 10–17 Uhr, Vorstellungen am Nachmittag um 15 oder 16 Uhr, am Wochenende immer auch eine Matinee um 10 Uhr.

■ **Preise:** Je nach Sitzplatz zwischen 7-10 Euro.

■ **Altersempfehlung:** Ab ca. 4 Jahre.

■ **Info:** Münchner Theater für Kinder, Dachauerstr. 46, 80335 München, Tel. 089/595454 oder 089/593858, www.muenchner-theater-fuer-kinder.de

»Die Zauberflöte«, »Räuber Hotzenplotz«, »Pettersson und Findus«, »Die kleine Hexe«, »Pippi Langstrumpf«, »Das Traumfresserchen«, »Oh wie schön ist Panama«, »Tom Sawyer und Huckleberry Finn«, »Die Schneekönigin«, »Ronja Räubertochter« und »Dornröschen« wurden bereits im Kindertheater aufgeführt, um nur ein paar Beispiele zu nennen. Seit nunmehr 40 Jahren leitet Theaterdirektor Heinz Redmann das Münchner Theater für Kinder. Vor 30 Jahren zog das Ensemble um. Sein neues Zuhause fand das Team im ausgebrannten Gebäude eines ehemaligen Kinos in der Dachauerstraße. Bereits beim Betreten des von mächtigen Atlanten gestützten Hauses verspürt man den magischen Hauch der Theaterwelt. Mittlerweile bröckelt zwar an einigen Stellen der Putz und nicht alles, was mal Gold war, glänzt. Aber das tut der Aura des einstmals feudalen Jugendstilhauses keinen Abbruch.

Das Theater hat insgesamt mehr als 320 Sitzplätze, verteilt auf Parkett und den ersten Rang. Pünktlich hebt sich der Vorhang, und schon steigt die Aufregung der Kinder spürbar. Wer hier eine Art improvisiertes Theater eben bloß für Kinder erwartet, wird rasch eines Besseren belehrt. Kindgerechte und doch aufwändige Inszenierungen überraschen. Das beginnt beim mehrdimensionalen, beweglichen Bühnenbild, den Licht- und Toneffekten und

geht hin bis zu den wirklich guten Schauspielern des Ensembles. Je nach Stück quillt die Bühne vor Darstellern förmlich über. Natürlich darf man keine Inszenierung wie an der Staatsoper erwarten, denn das ist an einem fast gänzlich privat finanzierten und nicht subventionierten Theater einfach unmöglich. Dennoch beeindrucken vor allem die Schauspieler, die besonders auf die Kinder eingehen und deren Stimmungen genau ausloten und mit einbeziehen. Da sind Zwischenrufe und laute Lacher aus den Reihen des Publikums an der Tagesordnung.

Oh, wie schön ist Panama!

Und wenn am Schluss nach langem Applaus der Vorhang fällt, wollen alle Kinder am liebsten gleich noch einmal in eine Aufführung gehen.

Ein weiteres beliebtes Kindertheater in München ist die Schauburg. Im Unterschied zum Theater für Kinder ist die Schauburg ein Theater der Stadt München und richtet sich eher an etwas ältere Kinder, doch es gibt auch einige Stücke für Kinder ab vier Jahre. Das Programm ist sehr professionell und vielfältig. Sozialkritische Themen wechseln mit historischen Stücken, unterhaltsame, moderne Aufführungen mit Klassikern der Literaturgeschichte. Viele Schulklassen besuchen die Aufführungen.

Tipp

Der **Kartenvorverkauf** funktioniert auch ohne Internet sehr gut und ist einfach. Sie rufen an, die Karten werden reserviert und müssen dann am Tag der Aufführung nur bis spätestens 14.30 Uhr abgeholt werden. Sehr beliebt in der **Weihnachtszeit** sind Stücke wie »Pettersson feiert Weihnachten« oder »Sterntaler«. Karten unbedingt frühzeitig reservieren.

Info Schauburg Kinder- und Jugendtheater München, Elisabethplatz, 80801 München, Theaterkartenkasse: Tel. 089/233371-55, www.schauburg.net

35 Kinderführungen der Bayerischen Schlösser- und Seenverwaltung

Prunk, Pracht und Pomp

■ **Anfahrt:** Mit der Bahn: Die Residenz und der Hofgarten liegen mitten in München, am besten fährt man vom Hauptbahnhof mit der S-Bahn bis zum Marienplatz oder mit den U-Bahnen U4/U5 bis zum Odeonsplatz. Mit der Straßenbahnlinie 17 kommt man vom Hauptbahnhof zum Nymphenburger Schloss, Haltestelle »Schloss Nymphenburg«.

■ **Öffnungszeiten:** Freitag, Samstag oder Sonntag, je nachdem welches der verschiedenen Schlösser der Bayerischen Schlösserverwaltung man besuchen möchte.

■ **Preise:** Kinder haben freien Eintritt, nur Materialkosten um die 2 Euro müssen bezahlt werden, Erwachsene: 2–6 Euro.

■ **Info:** Bayerische Schlösserverwaltung, Postfach 202063, 80020 München, Tel.089/179 08-444, www.schloesser.bayern.de

Die Bayerische Schlösser- und Seenverwaltung bietet seit einiger Zeit äußerst unterhaltsame, kindgerechte Führungen an, die den Eltern ebenso viel Spaß machen wie ihren Sprösslingen. Ein echter Familienausflug, von dem alle etwas haben.

Die bayerischen Schlösser sind weltberühmt und werden jedes Jahr von vielen Touristen besucht. Aber jeder kennt das Gestöhne und Gemaule seiner Kinder, wenn wir am Wochenende zu einer Besichtigungstour aufbrechen wollen. Wir ernten nur misstrauische Blicke, als ob wir unsere Lieben mit Kultur vergiften wollten. Doch jetzt gibt es Abhilfe, dank der Bayerischen Schlösser- und Seenverwaltung, die es geschafft hat, kindgerechte Führungen mit einem einzigen Ziel anzubieten: Auf unterhaltsame Weise riesig viel Spaß haben. So viel Spaß, dass meistens genauso viele Eltern wie Kinder mit »on tour« sind. Kein Wunder, die sehr gut ausgebildeten Schlossführerinnen gestalten die Stunden so unterhaltsam, da lernen, staunen und unterhalten wir Erwachsenen uns ebenfalls bestens. Manchmal sogar besser als bei einer »normalen« Führung, denn hier ist alles gespickt mit Hintergrundinformationen, unterhaltsamen Geschichten, und man traut sich, auch mal Fragen zu stellen, ohne gleich seinen Mangel an Geschichtskenntnissen offenbaren zu müssen. Diese Spezialführungen für Kinder und Eltern gibt es das ganze Jahr über. Die genauen Termine recherchiert man am besten vorab im Internet oder man wählt einen Termin aus dem gedruckten Prospekt.

Direkt in München können wir zwei Schlösser besichtigen: die Residenz in der Innenstadt mit der Schatzkammer und Schloss Nymphenburg mit seinen kleinen Nebenschlössern im Park. Die Mottos der Führungen sind sehr unterschiedlich: »Wo ist der allergrößte Schatz?«, »Fragen an die Sphinx«, »Wie haben die bayerischen Könige und Kurfürsten gelebt?«, »Unbekannte Wege durch die Badenburg«, »Tafelfreuden und

Andächtig lauschen die Kinder den Erzählungen

Tischsitten vor 200 Jahren«, »Weiß-Blau: Farben, Wappen, Initialien« bis hin zur »Vollmondführung«. Letztere ist besonders spannend und aufregend, denn wer darf normalerweise schon im Dunkeln nur mit Taschenlampe durch ein Schloss geistern? Aber auch bei einem Ausflug ins Münchner Umland lassen sich Schlösser und Parks besuchen. Im König-Ludwig-Schloss Linderhof ziehen wir mit Materialkoffer durch die Prunkgemächer oder erforschen als Familie das Schloss und seinen Park. Zur Geisterführung oder in Vollmondnächten gehen wir durch die Burg Trausnitz im nahen niederbayerischen Landshut. Hier gibt es auch speziell im Dezember Geschichten rund um Weihnachten für die ganze Familie. Ein halbes Jahr lang wären wir jedes Wochenende unterwegs, wenn wir all die Angebote nutzen würden. Speziell für ältere Kinder ab 13 Jahre bietet die Schlösserverwaltung im Rahmen des Programms »Try it!« einen spannenden Workshop zum Thema »Vergolden« an.

Tipp
Natürlich gibt es diese Touren in sehr viel mehr Schlössern der Bayerischen Schlösserverwaltung. Sie liegen über ganz Bayern verteilt, von Schloss Linderhof über Neuburg an der Donau bis Coburg und Bayreuth. Das sollte man sich für den nächsten Bayernurlaub merken.
Am besten man hält sich möglichst an die Altersangaben. Jüngere Kinder langweilen sich sonst nur, weil es einfach zu lange dauert für sie.

36 Verkehrszentrum Deutsches Museum

Fortbewegung damals und heute

Erst 2006 hat das Verkehrzentrum, ein Ableger des Deutschen Museums, auf der Theresienhöhe neu eröffnet. In den 1908 erbauten und mittlerweile unter Denkmalschutz stehenden Hallen der Alten Münchner Messe dreht sich nun alles um die Fortbewegung.

■ **Anfahrt:** Mit dem Auto: Schwierig, denn es gibt keine unmittelbaren Parkplätze. Die nächsten liegen am Heimeranplatz oder auf der Theresienwiese. Mit der Bahn: Mit den U-Bahnen U4/U5 bis Haltestelle »Schwanthalerhöhe«.

■ **Öffnungszeiten:** Täglich 9–17 Uhr, außer an Weihnachten, Neujahr und Faschingsdienstag, Karfreitag, 1. Mai.

■ **Preise:** Kinder (6–15 Jahre): 3 Euro, Erwachsene: 6 Euro, Familienticket: 12 Euro.

■ **Altersempfehlung:** Ab ca. 5 Jahren

■ **Einkehr:** Im Museum gibt es eine eigene kleine Cafeteria »Café-Station«.

■ **Info:** Deutsches Museum Verkehrszentrum, Theresienhöhe 14a, 80339 München, Tel. 089/50 08 06–762, www.deutsches-museum.de/verkehrszentrum

Beim Verkehrszentrum handelt es sich nicht um eine schlichte Ansammlung verschiedener Autos und Fahrzeuge aus diversen Epochen. Hier werden die Aspekte der Fortbewegung vielmehr in drei Hallen auf unterschiedliche Weise präsentiert. Die erste Halle beschäftigt sich mit dem Thema Mobilität und Technik, es geht vor allem um Fortbewegung und ihre Entwicklung im Allgemeinen. Dabei reichen die Exponate vom Dreirad über das Fahrrad bis zum Motorrad, vom Schlittschuh bis zu Skiern, vom ersten Motor bis zum Rennwagen. Alles wird anschaulich erklärt. Hier steht auch der Veteran unter den Schienenfahrzeugen: »Puffing Billy« von 1814, die erste wirklich brauchbare Dampflok aus England, die noch dreimal täglich in Betrieb genommen wird und ihre Dampfkraft zeigt. Motto der zweiten Halle ist das Reisen. Neben dem großzügigen Haltebahnhof mit zwei Gleisen, einer Krauss-Maffei-Dampflok, verschiedenen Passagier-, Last- und Postwagen gibt es noch die Pilatus-Zahnradbahn, und es wird an die gute alte Zeit der Kutschen erinnert. Dabei kommen vor allem die Kinder auf ihre Kosten. In einer der Kutschen dürfen sie Platz nehmen und in einer kurzen und holprigen, simulierten Fahrt erleben, wie unbequem und beschwerlich das Reisen auf unbefestigten Straßen war. In der letzten Halle dreht sich alles um den Stadtverkehr. Hier sind ganze Straßenzüge mit Zebrastreifen, Ampeln und Abbiegespuren angelegt. Fahrzeuge verschiedener Epochen warten an Ampeln auf die grüne Welle, und über allem »kreist« ein ADAC-Hubschrauber. Auch eine Tankstelle, eine Fahrradreparaturwerkstatt und die neuesten Erfindungen aus dem Bereich der Automobiltechnik fehlen nicht.

Bevor wir das Museum verlassen, können die Kinder in der Spielecke noch selbst ein Fahrzeug zusammenbauen, um anschließend damit zu fahren. Ganz nach dem Motto: Alles, was mehr als zwei Räder hat, rollt – irgendwie. Die Teile dafür sind heiß begehrt und stark umkämpft. Weniger kreativen Kids steht eine ganze Armada an Bobbycars, Dreirädern, Laufrädern und Rollern zur Verfügung. Für Kinder und Jugendliche gibt es außerdem ein spezielles Angebot: kindgerechte Führungen, Kindergeburtstagsfeiern, Workshops. Letztere sind vor allem an Tagen mit dem Thema »Mein Reifen hat einen Platten – macht nix« oder »Fahr Rad, aber sicher« stark besucht. Bei einer auf 15 Teilnehmer beschränkten Anzahl ist es besser, sich vorher anzumelden.

Tipp

Für **Schulklassen** und Lehrer gibt es ein spezielles Programm (Tel. 089/50 08 06–500). Interessante Themen wie »Warum dampft die Lok?«, »Wie kamen die Leute früher auf ein Hochrad hinauf?« oder »Wie schnell können Autos fahren?« können gebucht werden.

Es gibt ein ermäßigtes **Kombiticket** für Verkehrszentrum, Flugwerft und Deutsches Museum für 17 Euro. Das ist zeitlich unbeschränkt und übertragbar.

Alles was fährt und sich bewegt

37 Das Kinderpalais der Pinakothek

Kunstgenuss

München hat drei Pinakotheken: die Alte, die Neue und die Moderne – und ein Kinderpalais der Pinakotheken. Da ist der Einstieg in die große Kunst ein Kinderspiel, denn in kleinen Gruppen schaut man sich gemeinsam ausgesuchte Kunstwerke an.

■ **Anfahrt:** Mit dem Auto: Das Palais Pinakothek liegt mitten in München, je nach Tageszeit schwierig, Parkplätze zu finden. Mit der Bahn: Mit der U-Bahn U2 bis Haltestelle »Theresienstraße«, 5 Min. Fußweg.

■ **Öffnungszeiten:** Jeden Freitag.

■ **Preise:** 7 Euro Unkostenbeitrag.
Alter: Von 5–12 Jahre.

■ **Einkehr:** Während des Workshops wird eine kleine Pause für die Kinder gemacht, in der es etwas zu trinken gibt. Brotzeit kann man mitbringen.

■ **Info:** Kinderpalais Pinakothek, Türkenstr. 4, 80335 München, Tel. 089/238 05–198, E-Mail: buchung@pinakothek.de, www.palais-pinakothek.de

Unter uns Müttern gibt es ja ein sehr zuverlässiges Buschtrommelsystem. Kaum hat eine etwas Tolles für ihre Kinder entdeckt, macht es die Runde. Das Programm des Kinderpalais der Münchner Pinakotheken ist so ein Fall. Vielleicht liegt es nur an der Hemmschwelle »große Kunst«, dass das Kinderpalais bislang nicht so bekannt ist. Vielleicht liegt es aber auch an dem leider nicht ganz so informativen Internetauftritt, bei dem wir Erwachsene uns fragen, was unsere Kinder dort eigentlich machen sollen. Doch ich kann nur von ganzem Herzen empfehlen: Geht hin und schaut es euch an! Meine Kinder haben es ausprobiert und waren begeistert. Und es war sicher nicht das letzte Mal, dass sie dort waren.

Jeden Freitag gibt es etwas anderes. Schon der Empfang in dem wunderschönen renovierten und italienisch anmutenden Palazzo ist sehr herzlich. Hier trifft die maximal aus zwölf Teilnehmern bestehende Kindergruppe zusammen. Sie werden von zwei Mitarbeitern des Palais in den nächsten Stunden betreut, informiert, begleitet, angeleitet, inspiriert und unterstützt. Der Ablauf ist jedes Mal anders. Je nach Thema geht die Gruppe aber immer in eine der drei Pinakotheken (Alte, Neue oder Moderne) und pickt sich dort wenige, spezielle Kunstwerke heraus, die man sich gemeinsam ansieht. So wird z. B. über eine bestimmte Stilrichtung gesprochen, erzählt und gestaunt. Da ist der Einstieg in die große Kunst ein Kinderspiel, denn es geht vor allem um die Vertiefung eines Themas, und nicht um bloßes Ankratzen des Allgemeinwissens.

> **Tipp**
> Das Kinderpalais ist eine reine Kinderveranstaltung, das heißt die Kinder bleiben ohne Eltern im Palais. Eine gute Gelegenheit für Eltern, sich in aller Ruhe selbst im Museum umzusehen.

Anschließend geht es zurück ins Palais, wo die Kinder nun selbst kreativ werden dürfen. Die Bandbreite reicht vom Malen, Kleben, Werken, Installieren über Kneten und Formen bis hin zu vielem anderen. Dafür stehen die Werkstatt und die Wunderkammer mit ihren Montessori-Materialien bereit. Hier im Kinderpalais dürfen die Kinder eigene Erfahrungen sammeln, aktiv werden, ausprobieren, sich austauschen und/oder einfach nur Freude an der Kunst haben.

Ein ähnliches Projekt gibt es im Haus der Kunst (Prinzregentenstraße 1, 80538 München, www.hausderkunst.de). Hier werden kürzere Spielführungen zu aktuellen Ausstellungen angeboten. Es gibt aber auch Workshops, in denen die Kinder selbst kreativ sein dürfen. Beide Programme richten sich selbstverständlich auch an Schulklassen oder Kindergärten. Termine dafür stehen im Internet.

Auf Tuchfühlung mit den alten Meistern

38 Allianz Arena

Das rot-blaue Luftkissen

Elf Freunde müsst ihr sein ... und Fußballfans obendrein. Dann lohnt sich der Besuch der Allianz Arena in Fröttmaning im Norden von München. Vor allem Fußballerherzen schlagen beim Anblick des Stadions höher.

Aber selbst nicht so Fußballbegeisterte finden sicher großen Gefallen an einer der geführten Touren durch die Räumlichkeiten des 2005 errichteten Fußballkomplexes. Das liegt wohl allein schon an der atemberaubenden Architektur, die aus luftigen Kissen zu bestehen scheint. Die Form kommt einem Winterreifen mit Profil oder einer ovalen Salatschüssel gleich. Am spektakulärsten ist der Anblick bei Nacht, wenn die Arena an spielfreien Tagen alle halbe Stunde im Wechsel rot und blau leuchtet, in den Farben der lokalen Vereine. Das Stadion teilen sich nämlich die Münchner Fußballclubs 1860 München und der FC Bayern. Es ist aller-

■ **Anfahrt:** Mit dem Auto: Von München auf der A 9, Ausfahrt Fröttmaning, Parken am Nordtor, über die Rampe zur Markenwelt, Aufgang J 332-334. Mit der Bahn: Mit der U-Bahn U6 Richtung Garching/Hochbrück, Haltestelle »Fröttmaning«, über die Esplanade, Drehkreuze zum Südeingang. Dann hinauf in die Markenwelt (15 Min. Fußweg).
■ **Öffnungszeiten:** Täglich außer an Spieltagen oder während Veranstaltungen, jeweils um 10.15, 11, 13, 15 und 16.30 Uhr (im Sommer auch 17.30).
■ **Preise:** Kinder (4–12 Jahre): 6,50 Euro, Erwachsene: 10 Euro, Familientageskarte: 29 Euro, Parkgebühr: 5 Euro.
■ **Altersempfehlung:** Ab ca. 5 Jahre.
■ **Einkehr:** Das Restaurant »Arena à la Carte« sieht superedel aus und ist sehr modern und hip – nicht erschrecken! Die Preise sind für Münchner Verhältnisse relativ normal, am Marienplatz ist es definitiv teurer. Kaffee und Kuchen waren sehr lecker dort.
■ **Info:** Allianz Arena, Arena Tour (Ebene 3), Werner Heisenberg Allee 25, 80939 München, teure Informations-Hotline: Tel. 01805/555101, www.allianz-arena.de

dings ein sehr teures Vergnügen, ein Spiel zu besuchen, und leider sind gerade die wichtigen Lokalderbys oder Spiele der Championsleague immer so gut wie ausverkauft.

Dennoch stehen die Tore ins Stadion an spielfreien Tagen auch Individualbesuchern offen. Im Laufe einer ca. 75-minütigen Führung erfahren wir viel über das Geschehen im Hintergrund der Spiele und sehen vor allem auch einmal hinter die Kulissen der Stadionränge. Es beginnt mit einem Kurzfilm über Planung, Entstehung, Architektur, Bau und Technik des Fußballtempels. Dann geht es zum Akustiktest auf die oberen Ränge. Über die Pressekabinen dürfen wir in die Sponsoringbereiche schauen. Und wir dürfen sogar die geheiligten Umkleidekabinen der Starspieler betreten und uns deren Entmüdungsbecken ansehen. Ein Highlight ist sicher auch der Gang zum eigentlichen Fußballrasen, den wir aber nicht betreten dürfen. Die Treppe, an der sich beide Mannschaften treffen, um dann auf das Spielfeld zu gehen, kennt jeder aus dem Fernsehen. Durch die geöffnete Luke sind aber auch wir ganz nah am gepflegten und gehegten Rasen. Die Führung durch die Allianz Arena wurde uns sehr geistreich und witzig präsentiert – es hat sich restlos gelohnt!

Im Anschluss können wir noch die Verkaufsshops der beiden Münchner Vereine besuchen. Ein wenig Zeit müssen wir noch für die Arenaspielewelt opfern, einen kleinen Indoor-Spielplatz, der vor allem mit Legosteinen bestückt ist. Zum Glück liegt gleich daneben das Arena-Restaurant, wo wir gelassen auf die Kinder warten können.

Tipp

Es gibt eine **Kids-Tour**, die vor allem für fußballnarrische Kindergeburtstagsgäste ein riesiger Hit ist. Elf Freunde und das Geburtstagskind dürfen für 165 Euro eine Tour mit allem Drum und Dran erleben, inklusive originalgetreuem Torwandschießen und Begehung des Spielfeldrandes. Essen kostet extra!
Unbedingt rechtzeitig vor Beginn der **Führung** Tickets erwerben. Bei hohem Besucherandrang werden zusätzliche Touren angeboten, dennoch kann es zu Wartezeiten kommen. Also erst Tickets besorgen, dann in die Fan-Shops!

Atemberaubende Architektur

39 Im Botanischen Garten

Schwirrende, schillernde Schmetterlinge

Wenn die Tage besonders kurz sind und der dicke graue Nebel in der Isarstadt kaum Sonnenstrahlen durchlässt, ist es an der Zeit, sich auf eine kleine Reise zu begeben: auf einen Kurztripp in die Tropen. Ganz ohne Flugzeug.

■ **Anfahrt:** Mit dem Auto: In München stadtauswärts Richtung Westen, über die Nymphenburger Straße in die Menzingerstraße. Parkplätze gibt es auf der gegenüberliegenden Straßenseite.

■ **Öffnungszeiten:** November bis Januar 9–16 Uhr, Februar bis März 9–16.30 Uhr, April bis August 9-18 Uhr.

■ **Preise:** Kinder bis 18 Jahre freier Eintritt, Sonderausstellungen kosten extra, Erwachsene: 4 Euro.

■ **Altersempfehlung:** Ab ca. 5 Jahre.

■ **Einkehr:** Im Botanischen Garten selbst gibt es ein nettes Kaffeehaus, wo wir den Tag bei Kaffee und Kuchen ausklingen lassen können.

■ **Info:** Botanischer Garten, Menzingerstr. 65, 80638 München, Tel. 089/17861–316, www.botmuc.de

Wir müssen nur eine Eintrittskarte für den Botanischen Garten lösen, und schon gibt es einen Temperaturkick, der uns in angenehm feuchtwarme Klimagebiete entführt. In den einzelnen Gewächshäusern herrschen die unterschiedlichsten Klimazonen der Erde. So dürfen wir für ein paar Stunden in den vorgezogenen Sommerurlaub entfliehen. Natürlich sind die renommierten Münchner Gewächshäuser vor allem etwas für Blumen- und Pflanzenliebhaber. Die wenigsten wissen jedoch, dass es dort auch spezielle Programme und Sonderausstellungen für Kinder gibt.

Eine der schönsten, beliebtesten und kindgerechtesten Ausstellungen ist die der lebenden exotischen Schmetterlinge. Im Wasserpflanzen-Gewächshaus schwirrt die Luft von bunten, schillernden Flügeln. Während der Wintermonate von Dezember bis März dürfen hier tropische Schmetterlinge bei 25 °C und 80 % Luftfeuchtigkeit leben. Unter den prachtvollen Exemplaren sind der blau schillernde Himmelsfalter, der Ritterfalter oder die helle Baumnymphe. Die zarten Geschöpfe stammen aus Züchtungen und kommen als Raupen hier an. Dann können sie für vier Monate ihren eigenen Lebenszyklus und den ihrer Nachkommen beginnen. Sie alle durchlaufen hier die verschiedenen Stadien im Leben eines Schmetterlings. Von der Eiablage zur Raupenbildung bis hin zur Verpuppung und schließlich Verwandlung und Entfaltung in einen paradiesisch bunt glitzernden Schmetterling. Verständlicherweise sollen und dürfen wir die zerbrechlichen Tiere nicht anfassen, berühren oder fangen. Der Respekt vor der Zartheit dieser einzigartigen Lebewesen versteht sich von selbst. Aber je nach Duft unseres Shampoos oder Parfüms setzen sich manche Falter auf Haar oder Kleidung. Einige Falter setzen sich sogar auf die Haut. Das ist natürlich immer ein besonderes Highlight und wird gebührend bestaunt. Aber auch sonst fliegen die Schmetterlinge so zahlreich durch die Luft, dass man sie aus nächster Nähe z. B. bei der Futteraufnahme betrachten und bewundern kann.

In den über 4500 Quadratmeter Fläche umfassenden Gewächshäusern des Botanischen Gartens gibt es jedoch noch viel mehr zu bestaunen. Kleine Schildkröten leben im sumpfigen Wasser des Orchideenhauses. Wir entdecken handtellergroße Blüten, exotische Wasserpflanzen, riesige Kakteen, schnellwachsende Bambusstöcke und überall betörende Düfte. Die so-genannten lebenden Steine im kleinen Sukkulentenhaus kann man kaum von den Kieselsteinen unterscheiden. Die genügsamen Pflanzen gibt es in vielen Farben und Formen. Besonders interessant sind die Gewürzpflanzen. Wie sehen Vanilleschoten oder Zimtbäume aus? Woher hat die Erdnuss ihren Namen? In den Azaleenhäusern erfasst uns der blanke Neid: Blüten über Blüten. Vielleicht sollten wir den auf unserer Fensterbank vor sich hinkümmernden Blumentopf hier in den Kurzurlaub schicken. Nach einem grauen verschneiten Februarnachmittag im Botanischen Garten geht es uns zumindest gleich viel besser.

Vorsicht, manche Pflanzen piksen!

40 Kinder-Erlebniswelt Lollihop

Ausgepowert bis zum Umfallen

Diese Tour ist nicht so sehr für die ganze Familie geeignet, sondern vor allem etwas für die Kinder. Aus einem einfachen Grund: Das Lollihop ist Bayerns größter Indoor-Spielplatz oder besser Auspower-Kinderwelt.

Sie als Eltern wollten schon längst einmal den vor Monaten angefangenen Roman in Ruhe zu Ende lesen? Draußen ist das perfekte schlechte Wetter zum Lesen, doch zu Hause tobt die ganze Rasselbande? Sie sind mit den Nerven noch nicht am Ende? Und ein paar Ohropax haben Sie auch noch in der Handtasche? Na, dann nichts wie ab ins Lollihop, samt Rasselbande und der begehrten Lektüre.

■ **Anfahrt:** Mit dem Auto: Von München über die Bodensee- und Limesstraße stadtauswärts, links in die Pretzfelderstraße, dann rechts in die Colmdorfer-straße. Auf dem Gelände sind ausreichend Parkplätze vorhanden. Mit der Bahn: Nur wenige Gehminuten von der Haltestelle »Aubing« der S-Bahn S8 entfernt.

■ **Öffnungszeiten:** Montag bis Freitag 14–19.30 Uhr, am Wochenende und feiertags sowie in den Ferien 10.30–19.30 Uhr, kein Ruhetag.

■ **Preise:** Kinder (ab 1 Jahr): 8,50 Euro, Erwachsene: 4 Euro. Wochentags ab 17 Uhr Spätkommerrabatt. Zehnerkarten mit 30 Prozent Rabatt erhältlich. Montags Oma/Opa-Tag: Großeltern haben in Begleitung ihrer Enkelkinder freien Eintritt.

■ **Altersempfehlung:** Kinder von ca. 3–12 Jahren können schon fast alle Spielgeräte nutzen. Für Kleinkinder steht ein extra abgegrenzter Spiel-bereich zur Verfügung.

■ **Einkehr:** Es gibt einen großen Gastronomiebereich mit ca. 300 Sitzplätzen. Die Preise sind human und die Gerichte erfreuen vor allem Kinderbäuche. Eigenes Essen oder Getränke dürfen nicht mitgebracht werden.

■ **Info:** Lollihop, Comdorfstr. 3, 81249 München-Aubing, Tel. 089/864 660 80, www.lollihop.de

In der 5500 Quadratmeter großen ehemaligen Industriehalle können sich die Kinder nach Herzenslust an verschiedensten Spielstationen austoben, während man selbst sich dort an einem der vielen Bistrotische bei einem gemütlichen Kaffee mit einem Buch für einige Stunden zurückzieht und dem lauten Geräuschpegel vielleicht mithilfe gelber Ohrstöpsel entgegenwirkt. Es funktioniert eigentlich immer nach demselben Prinzip: Kurz nach Betreten der Halle sind die Kinder quasi wie vom Erdboden verschluckt, verschwunden zwischen all den bunten Spielgeräten.

Vielleicht in dem Riesenklettergestell auf drei Etagen, das schon fast einem Labyrinth gleicht mit seinen Drehtüren, Bällebädern, Geisterkammern, Schwingschaukeln, Rutschen, Walzen und Leitern. Eine aufgebla-

Wie auf einer Kirmes gibt es auch Karussellfahrten.

Tipp

Die Spielgeräte dürfen nur ohne Schuhe benutzt werden. Am besten **Stoppersocken** mitnehmen. Kinder dürfen erst ab 8 Jahre und nur mit der Vollmacht der Eltern allein kommen.

Für **Geburtstagskinder** stehen liebevoll dekorierte Boxen mit Tischen und Bänken bereit. Man kann sie mit ganzen Geburtstags-Eventpaketen je nach Umfang seines Geldbeutels buchen.

Besonders schön ist der durch einen kleinen Zaun abgetrennte **Kleinkinder-Spielbereich**. Auf weichen Matten können Krabbelkinder rutschen, ein Bällebad nehmen, klettern oder mit überdimensionalen Legosteinen Türme bauen.

Zeigen Sie Ihren unbändigen Energiebündeln vorher, wo Sie selbst sitzen werden. Spätestens, wenn die Kinder durstig sind, werden sie wieder auftauchen. Ansonsten müssen wir sie suchen und dafür selbst durch sämtliche Spielgeräte krabbeln, um sie zu finden. Denn freiwillig geht hier kaum einer nach Hause.

Ausgepowert und wild

sene Titanic verführt zu steilen Rutschpartien. Noch beliebter ist jedoch das Erklimmen der hohen Vulkanrutsche (am besten barfuß). Entschlossen, waghalsig und wild stürzen sich die Kinder hüpfenderweise abwärts. Es gibt eine professionelle und nicht zu hohe Kletterwand, an der auch kleinere Kinder üben können, denn beim Absturz fallen sie weich auf Schaumgummimatten. Acht Trampoline stehen bereit, eine kleine Elektrolok fährt durch eine Westernlandschaft und außerdem gibt es ein Autokarussell wie auf dem Rummel. Spätestens am überdimensionalen aufgeblasenen Wabberberg glühen die Kinderköpfe hochrot. Das ist aber noch nicht alles. Abkühlung verschafft eine meist eher feucht endende Fahrt in Plastikbooten in einem Poolbecken gleich daneben. Keine Bange, zum Trocknen der Kleidung steht ein Wäschetrockner zur Verfügung. Um von einem Ziel zum nächsten zu gelangen, stehen den Kindern Bobbycars, Dreiräder, Tretmotorräder oder Trikes zur Verfügung.

Kelten Römer Museum Manching 41

Ave Cäsar! Ave Kinder!

Mögen Ihre Kinder Asterix und Obelix? Dann gefällt ihnen sicher auch der Besuch im Kelten Römer Museum Manching. Es ist wirklich faszinierend, dass wir geografisch gesehen mitten in einem derart geschichtsträchtigen Gebiet wohnen.

Hier in Oberbayern leben wir entweder im einstigen Römischen Reich, oder wir sind jenseits des Limes im Gebiet der keltischen bzw. germanischen Bevölkerung zu Hause. Jetzt haben wir natürlich viele Jahrhunderte deutscher Geschichte in einem einzigen Satz zusammengefasst und auch die Grenzen ziemlich gerade gezogen. In Wirklichkeit war das Ganze ja kein starres Gefüge, sondern eher ein Gemisch der Völker. Aber eines ist sicher: Das Kelten Römer Museum liegt genau im ehemaligen Ringwall, dem Oppidum von Manching.

Vor mehr als 2400 Jahren war hier einst eine befestigte keltische Siedlung, die mit geschätzten 50 bis 100 Einwohnern schon eher einer Stadt als

---

■ **Anfahrt:** Mit dem Auto: Von München auf der A 9 Richtung Nürnberg, Ausfahrt Manching. Das Museum liegt 1200 Meter von der Autobahnausfahrt entfernt, der Weg ist ausgeschildert. Mit der Bahn: Von München mit der Bahn nach Ingolstadt, von dort weiter mit dem Bus.

■ **Öffnungszeiten:** Täglich außer Montag von 9.30–16.30 Uhr, Samstag und Sonntag von 10.30–17.30 Uhr (im Winter wird eine Stunde früher geschlossen).

■ **Preise:** Kinder: 1,50 Euro, Erwachsene: 5 Euro, Familienkarte: 8 Euro.

■ **Altersempfehlung:** Ab ca. 6 Jahre.

■ **Einkehr:** Im Foyer und vor allem im schön angelegten Außenbereich lässt sich hervorragend picknicken.

■ **Info:** Kelten Römer Museum Manching, Im Erlet 2, 85077 Manching, Tel. 08459/32 37 30, www.museum-manching.de

Eintauchen in die historische Römer- und Keltenzeit

einem einfachen Dorf glich. Die Bewohner waren Handwerker und Bauern und trieben Handel im großen Stil, nicht zuletzt per Schiff, wegen der günstigen Lage am Zusammenfluss der Paar und der Donau. Bereits im Mittelalter wusste man von der Existenz des Oppidums, aber intensiv begann man erst um 1955 mit Ausgrabungen. Seitdem hat man viel über das Leben und die Siedlung der Kelten erfahren. Der Untergang von Manching ging mit dem Auftreten und Erscheinen der Römer und Germanen einher. Die einen kamen von Süden, die anderen drangen von Norden vor. Ob Manching je erobert wurde, konnte man nicht nachweisen. Die Archäologen nehmen eher an, dass aufgrund der schwindenden Bevölkerung der Handel nachließ und die Siedlung einer Geisterstadt gleich nach und nach aufgegeben wurde. Ähnlich wie man es auch heute noch in wirtschaftlich und sozial schwachen Regionen in Deutschland beobachtet, wo die Bevölkerung einfach wegzieht.

Der hypermoderne Glasbau des Museums steht im krassen Gegensatz zu den Zeugnissen des Altertums. Nach den Kelten kamen die Römer und errichteten im nahen Oberstimm ein befestigtes Kastell. In den großen

Räumen des Museums finden sich viele Fundstücke der Kelten und Römer. Tonscherben, Gefäße, Schmuckstücke, Kleiderfibeln, Werkzeuge und Waffen. Es wurden aber auch Holzhütten nachgebaut, in denen die Kelten lebten. Von historisch beachtlichem Wert ist der 1999 ausgegrabene Goldschatz: 450 keltische Goldmünzen. Das übersichtliche Miniaturmodell des befestigten römischen Kastells Oberstimm trennt die keltische und die römische Welt im Museum voneinander. Hier gibt es auch das Museumskino, das einen anschaulichen unterhaltsamen Film über die Epochen zeigt. Im Erdgeschoss sind die sensationellen, in der Donau gefundenen und gut erhaltenen Reste von Römerschiffen ausgestellt.

Tipp

Geburtstagskinder und ihre Gäste können ein eigenes Kelten- oder Römerprogramm buchen. Das beinhaltet eine kindgerechte Führung durch das Museum in landestypischer Kelten- oder Römertracht mit anschließendem Bastelprogramm.

Auch die Museumswerkstatt findet sich hier, die vor allem für Kinder einen zusätzlichen Höhepunkt bildet. Betreut von zwei Archäologinnen gehen sie auf Entdeckungsreise. Die Kinder bekommen geduldig alle Fragen beantwortet und können danach im Rahmen der angebotenen Werkstatt stilgerecht gekleidet in keltische oder römische Tracht Armreife biegen, Öllämpchen töpfern oder sogar Lederschuhe nähen. Die Teilnehmerzahl ist auf 15 Personen beschränkt. Deshalb ist eine Anmeldung sehr sinnvoll. Termine findet man im Internet.

Auch im Außengelände des Museums gibt es viel zu sehen.

42 Deutsches Museum München

Technik zum Anfassen

Das Deutsche Museum gehört neben den Smithsonian-Museen in Washington zu den weltweit größten technischen und wissenschaftlichen Sammlungen. Es war auch das erste Museum, das sich vor allem auf Erlebnispädagogik spezialisiert hat, und zählt damit zu den Top Ten der großen Institutionen für Kinder in München.

Die meisten Eltern kennen das Deutsche Museum schon. Viele waren als Kinder mit der Schulklasse dort oder haben es bereits mit den eigenen Eltern besucht. Und es lohnt sich, öfter zu kommen. Denn weder Kraft, Ausdauer noch Aufnahmefähigkeit reichen aus, um bei einem einzigen Besuch alles zu besichtigen, auch wenn auf den über 550 Quadratmetern Ausstellungsfläche im Haupthaus auf der Museumsinsel nur ein Bruchteil der über 100 000 Sammlungsobjekte aus den Bereichen Technik und Naturwissenschaft zu sehen sind. Das Spektrum reicht von Chemie, Physik, Mathematik, Luft- und Raumfahrt, Autos und Züge, Astronomie, Informatik, Bergbau, Geologie, Elektronik, Telekommunikation, Musik, Zeit,

---

■ **Anfahrt:** Mit dem Auto: Das Deutsche Museum liegt direkt an der Isar im Stadtzentrum, daher kaum Parkplätze vorhanden.
Mit der Bahn: S-Bahn-Haltestelle »Isartor« oder U-Bahn-Haltestelle »Fraunhoferstraße« (U1 und U2). jeweils kurzer Fußweg.
■ **Öffnungszeiten:** Täglich 9–17 Uhr.
■ **Preise:** Kinder (6–15 Jahre): 3 Euro, Erwachsene: 8,50 Euro, Familienkarte: 17 Euro.
■ **Altersempfehlung:** Ab 3 Jahre. Je jünger die Kinder, desto konzentrierter sollten die Rundgänge sein.
■ **Einkehr:** Im Museum gibt es mehrere Cafés und ein großes Restaurant.
■ **Info:** Deutsches Museum, Museumsinsel 1, 80538 München, Tel. 089/21 79–1, www.deutsches-museum.de

---

Drucktechnik bis hin zu Wasserbau und Lebensmitteltechnik, und auch das ist nur ein kleiner Auszug.

Beim Besuch treffen wir gleich im Eingangsbereich gemeinsam mit den Kindern eine Entscheidung, welche Abteilungen wir uns heute vorneh-

men. Sonst irren wir durch das weitläufige Haus und sehen zwar vieles, aber nichts richtig. Einige Abteilungen kommen dabei immer wieder aufs Neue dran: die großen alten Schiffe, die U-Boote, der Raum mit den Flugzeugen. Mal besuchen wir den Bergbaustollen, mal das Planetarium, mal die Abteilung für technisches Spielzeug. Zum Abschluss gehen wir immer ins Kinderreich im Untergeschoss. Hier können wir im Lichthaus Schatten machen, es gibt eine begehbare Riesengitarre, ein Feuerwehrauto, eine Kraftmaschine mit Seilzügen, ein Tanagra-Theater – einen Zauberkasten, der uns ganz klein aussehen lässt –, Riesenbauklötze und natürlich die große Wasserabteilung. Hier

Auf einer Isarinsel liegt das Deutsche Museum.

läuft alles vom Wasserfall über Wellenräder und Kanäle. Die Kinder können Schleusen öffnen, umleiten und umpumpen. Nasse Kleidung ist garantiert. Es stehen zwar Wäschetrockner zur Verfügung, aber praktischerweise nimmt man selbst Kleidung zum Wechseln mit.

Zum Deutschen Museum gehören in München zwei Ableger, das Verkehrszentrum Deutsches Museum an der Alten Messe München (siehe Tour 36) und die Flugwerft in Unterschleißheim. Für alle zukünftigen Piloten und sonstigen Herren der Lüfte ist dies der ultimative Ausflugstipp, denn hier dreht sich alles um die Geschichte und Technik der Fliegerei und Raumfahrt. Viele alte Flugzeuge, aber auch Hubschrauber, Ballons und Raketen sind ausgestellt.

Tipp

Im Untergeschoss des Deutschen Museums gibt es seit einigen Jahren das **Kinderreich**. Hier kann man jede Menge testen, spielen und probieren. Es ist speziell für Kinder von 3–8 Jahren gedacht. Es gibt ein ermäßigtes **Kombiticket** für Verkehrszentrum, Flugwerft und Deutsches Museum für zusammen 10 Euro. Es ist zeitlich unbeschränkt und übertragbar.

43 Die BMW Welt

Junior Campus

München bietet immer wieder neue Attraktionen mit Weltruf. Erst seit Mitte Oktober 2007 gibt es die neue BMW Welt gegenüber dem Olympiapark. Gigantisch, was sich dort getan hat.

Mit offenem Mund betreten wir das Foyer des futuristischen Gebäudes der BMW Welt. Die Wiener Architektengruppe Coop Himmelb(l)au hat hier einen Meilenstein in der Architekturgeschichte gesetzt und wird dabei ihrem Namen völlig gerecht. Das augenscheinlich schwebende Dach dreht sich förmlich in den Himmel empor. Da kommen die Kinder aus dem Staunen nicht heraus. Drinnen kann sich die Familie erst einmal in Ruhe im Campus Portal umsehen und orientieren. Spielerisch werden die Kinder durch eine große gläserne Kugelbahn mit Loopings, Kurven und Spiralen an das Thema »Mobiliät« herangeführt. An der Wand steht auch ein Traumwagen, und an Touch-Screen-Terminals bekommen wir viele Antworten zu den technischen Funktionen. Rohstoffexponate sind ausgestellt, eine Antriebswelle kann in Schwung gebracht werden, und es gibt noch vieles mehr zu entdecken.

■ **Anfahrt:** Mit dem Auto: Die BMW Welt liegt direkt in München am Mittleren Ring gegenüber dem Olympiastadion. Gebührenpflichtige Parkplätze in der Tiefgarage. Mit der Bahn: Mit der U-Bahn U3 bis Haltestelle »Olympiazentrum«, kurzer Fußweg.

■ **Öffnungszeiten:** täglich 9–18 Uhr. Workshops finden ca. sechsmal täglich statt, genaue Zeiten bitte vorab im Internet recherchieren.

■ **Preise:** Das Campus Portal ist für alle Besucher kostenlos. Workshop »Mobilität entdecken« (1.10 Std.): Kinder (7–13 Jahre): 4,50 Euro. Workshop »Mobilität entdecken und gestalten« (3.15 Std.): Kinder (7–13 Jahre): 8,50 Euro.

■ **Altersempfehlung:** Ab ca. 7 Jahre.

■ **Einkehr:** In der BMW Welt gibt es eine Cafeteria und Restaurants.

■ **Info:** BMW Welt Junior Campus, Am Olympiapark 1, 80809 München, Tel. 0180/2118822, www.bmw-welt.com

---

Doch dann geht es für die Kinder ab in einen der buchbaren Workshops, die in zwei abgetrennten Räumen stattfinden. Im Campus Labor dürfen Kinder die »Mobilität entdecken«. Nach einem kurzen Film erkunden sie anhand eines Quiz spielerisch Themen wie Verkehrserziehung, Verkehrsforschung, Energie & Umwelt, Arbeit & Soziales oder Antrieb & Sicherheit. Das zweite Workshop-Angebot »Mobilität entdecken und gestalten« ist umfangreicher und dauert über drei Stunden. Und danach dürfen die Kinder noch zum Autodesigner werden. Mit Hilfe von pädagogisch geschultem Personal, das bestimmte Kriterien zum Autobau vorgibt, kreieren sie nun ihr eigenes Traumauto. Verschiedenste Materialien kommen zum Einsatz. Das Fahrzeug

Tipp

Das **Campus Portal** ist offen zugänglich, eine Reservierung für die Workshops ist nicht unbedingt notwendig, aber sehr zu empfehlen.

Der **Junior Campus** ist hervorragend für Schulklassen der 7. Jahrgangstufe geeignet. Schüler wie Lehrer kommen in den Genuss eines außergewöhnlichen Lernerlebnisses. Wer nach der Besichtigungstour noch ein wenig Bewegung möchte, saust in den schön angelegten **Petuelpark** gegenüber. Tolle Spielplätze, offene Bäche und ein Café laden zum Verweilen ein. Dort lassen sich jede Menge Kleinigkeiten entdecken.

wird montiert, getestet und vom Band gelassen. Zum Abschluss gibt es dann sogar ein echtes Campusdiplom für die jungen Ingenieure.

Übrigens ist der BMW Junior Campus mit den Workshops eine reine »Kindersache« Da haben Erwachsene nichts verloren. Sie dürfen ihre Kinder nur abliefern und sich dann selbst in der großen, neuen BMW Welt umschauen. Dort dreht sich natürlich alles um die Marke BMW, verbunden mit vielen Autos, Motorrädern und den neuesten Techniken der Branche.

Mobilität entdecken

44 Steinreich

Das Reich der Kristalle in München

Das Museum Reich der Kristalle gehört zur Mineralogischen Staatssammlung München. Untergebracht ist es zwischen einzelnen Hörsälen im Universitätsgebäude der Mineralogie, Kristallografie, Petrografie und Geochemie.

Leider ist heute nur noch ein Bruchteil der einst so großen und wertvollen Sammlung zu sehen. Durch einen verheerenden Bombenhagel im Zweiten Weltkrieg wurden fast 80 Prozent des Bestandes vernichtet und überdies 1972 bei einem Raub einige der besten Stücke gestohlen. Trotzdem zählt die Ausstellung im Museum Reich der Kristalle immer noch zu einer der besten in Deutschland.

Gleich im Eingangsbereich liegt ein riesengroßer versteinerter Baumstamm mit blankpolierter Oberfläche. Danach können wir in mehreren Räumen hinter Schaukästen eine große Anzahl an Mineralien, Steinen, Kristallen, Erzen und Metallen bewundern. Aber selbst die sind nur eine

---

■ **Anfahrt:** Mit dem Auto: Das Reich der Kristalle liegt in der Innenstadt Münchens im Museumsviertel bei den Pinakotheken bzw. Museum Brandhorst. Wenige Parkplätze mit Parkschein sind vorhanden.
Mit der Bahn: Mit der U-Bahn bis Haltestelle »Odeonsplatz« (U3/U6, U4/U5) oder »Theresienstraße« (U2), kurzer Fußweg.
■ **Öffnungszeiten:** Dienstag bis Samstag 13–17 Uhr, sonntags 10–17 Uhr, montags geschlossen, feiertags zum Teil offen, Faschingsdienstag geschlossen.
■ **Preise:** Familienticket: 4 Euro
■ **Altersempfehlung:** Ab ca. 6 Jahre.
■ **Einkehr:** Im Museum nichts. In unmittelbarer Nähe gibt es viele Eisdielen oder Cafés wie z. B. das »Café 48/8« in der Pinakothek der Moderne. Auch von außen zugänglich.
■ **Info:** Museum Reich der Kristalle, Theresienstr. 41, 80333 München, Tel. 089/218 043 12, www.lrz-muenchen.de/~Mineralogische.Staatssammlung

---

kleine Auswahl und werden öfter ausgewechselt. Ein Ausstellungsbereich ist heimischen, in Bayern gefundenen Mineralien bzw. Halbedelsteinen vorbehalten. In den großen Glasvitrinen lassen sich noch diverse Schubläden öffnen und weitere Schätze entdecken. Effektvoll ist auch die Sammlung von russischen Steinen ins Licht gesetzt. Hier glitzern Goldnuggets, Smaragde und Diamanten. Eine eigene Abteilung zeigt Kristalle aus dem Alpenraum und auf Tafeln werden die Fundorte angezeigt. Spannend ist die »Dunkelkammer«, ein fast dunkler Raum, in dem mithilfe von ultraviolettem Licht verschiedene Steine, vor allem Quarze, zu spektakulärem Leuchten gebracht werden. Unglaublich, wie ein unscheinbarer, farbloser Stein unter der richtigen Lichtwellenlänge so leuchten kann. Es sind kleine fluoreszierende Wunderwerke der Natur. Besonders gut finden Kinder die Sammlung von Meteoriten. Eines der ganz großen Wurfgeschosse aus dem Weltall darf man sogar anfassen. Lastwagenradgroß ist auch die Septarie, ein Stein, den man in Bayern bei Bachhausen bei den Arbeiten am Rhein-Main-Donau-Kanal gefunden hat. In den mittig zentrierten Hohlräumen sind ganz viele Calcitkristalle gewachsen, die wir genauestens betrachten können.

Die Mineralogische Staatssammlung und das Museum bieten auch ein reichhaltiges Lehrer-Schüler-Programm an. Im Sommerhalbjahr findet regelmäßig die Exkursion »Rolling Stones des Südens« (Kieselsteine in der Isar) statt, die zum Sammeln, Begutachten und Bestimmen an die Isar führt. Es gibt aber auch Führungen zu den Themen »Künstliche Gesteine« oder »Salze«. Bei einer Laborbesichtigung lernt man etwas über Kristallzüchtung und Kristallwachstum. Zu Letzterem findet sich auch in den Ausstellungsräumen schon ein eigener großer Kasten, in dem spannend das Experiment der »Edelsteinproduktion« erklärt wird. Gut, dass man sich an der Kasse noch mit den wichtigsten Zutaten für die heimische Kristallproduktion eindecken kann.

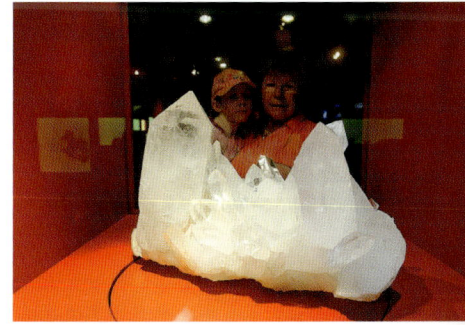

Ein großer Bergkristall

45 Die Kunst der vielen Fäden

Das Tölzer Marionettentheater

Nicht erst seit die Augsburger Puppenkiste mit Stücken von Jim Knopf im Fernsehen gesendet wurde, sind Marionetten in aller Munde. Diese zauberhafte Theaterwelt an vielen Fäden gibt es schon viel länger. In Bad Tölz nun schon seit über 100 Jahren und nach wie vor sind die Stücke bei Groß und Klein beliebt.

■ **Anfahrt:** Mit dem Auto: Auf der Garmischer Autobahn A 95, Ausfahrt Sindelsdorf, weiter bis Bad Tölz, Beschilderung ins Zentrum folgen. Das Theater liegt am oberen Ende der autofreien, historischen Marktstraße, hinter dem Rathaus. Parken entweder direkt am Schloßparkplatz/Rathaus oder einen Stellplatz am Isarufer suchen und durch die Marktstraße bummeln.
Bahn: Von München nach Bad Tölz, kurzer Anmarsch.
■ **Öffnungszeiten:** Vorstellungen jeden Samstag und Sonntag um 15 Uhr, Samstag eine Abendaufführung um 19.30 Uhr, je nach Spielplan auch Freitagnachmittag
■ **Altersempfehlung:** Ab ca. 4 Jahren.
■ **Einkehr:** In der Marktstraße
■ **Info:** www.marionettentheater-toelz.de

Das Tölzer Marionettentheater feierte gerade seinen 100. Geburtstag. Eigentlich unglaublich, dass eine Bühne in dieser doch recht kleinen Größe und vor allem spezialisiert auf die Kunst des Puppenspiels an Fäden so lange Bestand hat. Aber wer einmal eine Vorstellung hier besucht hat, wird immer wieder kommen. Zudem ist das Theater über all die Jahre hinweg oftmals verändert worden. In den Gründerjahren wurden vor allem Stücke des »Kasperlgrafen« Franz von Pocci gespielt, mit handgroßen Figürchen, die nur von 3 bis 5 Fäden regiert wurden. Damals noch im Bürgersaal mit einem Türstock als Bühne. Heute ist das Theater in einem hübschen Gebäude inmitten der Tölzer Altstadt untergebracht. Die Bühne wurde auf zwei Spielerbrücken erweitert, bewegliche Bühnenwägen sorgen für schnelle und überraschende Szenenwechsel.

Bei vielen der neuen Aufführungen wird live gesprochen und musiziert. Es gibt ein riesiges Repertoire an Stücken und eine ganzes Bataillon von über 450 verschiedenen Puppen und Figuren. Traditionelle Märchen wie »Der Froschkönig«, »Der gestiefelte Kater«, »Brüderchen und

Schwesterchen«, »Die Bremer Stadtmusikanten« oder »Rumpelstilzchen« sind vor allem bei Kindern beliebt und befinden sich im Nachmittagsprogramm. Bayerische Klassiker wie »Der Brandner Kaspar und das ewig' Leben« erfreuen auch die Größeren. Ebenso gern gesehen werden die klassischen Stücke wie Mozarts »Zauberflöte«, Rossinis »Der Barbier von Sevilla« oder Carl Orffs Oper »Die Kluge«. Für Letztere konnte der international bekannte Schweizer Figuren-

bauer Pierre Monnerat gewonnen werden. Das Theater beschreitet aber auch komplett neue Wege. Für die Science-Fiction-Inszenierung »Der Kristallplanet« wurde erstmals eine Mischung aus Computeranimation und Puppentheater gefunden, die bundesweit Aufsehen erregt hat.

Die königliche Kutsche auf dem Weg zum Schloss in der Märchenszene des gestiefelten Katers

Eine der schönsten Jahreszeiten für einen Theaterbesuch ist die Adventszeit: »Das Geschenk vom Nikolaus«, »Die klingende Weihnachtskugel« oder Ludwig Thomas »Heilige Nacht« werden nur dann gespielt.

Es gibt natürlich noch mehr nette Marionettentheater für Kinder:

Das Münchner Marionettentheater, Blumenstraße 32, 80331 München, Tel.: 089/26 57 12, www.muenchner-marionettentheater.de, in dem man auch modernere Stücke wie den Ritter Rost oder die Kleine Hexe ansehen kann.

Tipp
Im Winter gibt es sehr viel mehr Aufführungen als im Sommer.

Die traditionelle Marionetten-Bühne Florian Bille ist ein wunderschönes Marionettentheater mit langer Geschichte. Bis Ende März 2012 ist sie noch im Bereiteranger 15, 81541 München, Tel. 089/150 21 68, beheimatet. Aktuell werden neue Räume gesucht. Bitte beachten Sie dafür die Homepage www.marionettenbuehne-bille.de.

Ein weiteres traditionelles Marionettentheater, eher für Jugendliche und Erwachsene geeignet: Das Kleine Spiel in München, Neureutherstr. 12, Eingang Arcisstraße, www.kleinesspiel.de, bezahlt wird mit einer Spende!

46 Das Bergbaumuseum in Peißenberg

80 Meter unter der Erde

Die Kohlevorkommen in Peißenberg waren schon im 14. Jahrhundert bekannt, der große industrielle Abbau begann aber erst 1837. 40 Millionen Tonnen Kohle wurden bis 1971 gefördert, als das Bergwerk endgültig stillgelegt wurde. Kaum vorstellbar, wenn man die feuchten, muffigen und engen Stollen besichtigt.

Gespannt warten wir in der Gruppe vor dem verschlossenen Stolleneinlass. Unser Führer Lothar Wagner, ein ehemaliger Bergmann, gibt noch einmal kurze Instruktionen und schon betreten wir das Herzstück des Museums in Peißenberg. Unter großem Gelächter schnappt sich jeder einen Sicherheitshelm, und dann geht die Führung los. Nass, feucht, muffig, dunkel und verdammt eng ist es hier unten. 200 Meter weit werden wir in den Tiefstollen hineingeführt, in dem von 1869 bis 1923 1,4 Millionen Tonnen Kohle abgebaut wurden.

■ **Anfahrt:** Mit dem Auto: Von München auf der A 95 Richtung Garmisch, Autobahndreieck Starnberg nach Starnberg, auf der B 2 bleiben über Weilheim nach Peißenberg. Der Weg zum Museum ist von der großen Ortsdurchfahrtsstraße (B 472) aus ausgeschildert.
■ **Öffnungszeiten:** Jeden 1. und 3. Sonntag im Monat von 14–16 Uhr, nur vom 15. Mai bis 15. September zusätzlich Mittwoch von 14–16 Uhr.
■ **Preise:** Kinder (6–16 Jahre): 2 Euro, Erwachsene: 4 Euro, Familienkarte: 7 Euro.
■ **Altersempfehlung:** Ab ca. 5 Jahre.
■ **Einkehr:** Peißenberg hat viele Einkehrmöglichkeiten. Touristisch, aber trotzdem gut und natürlich mit sensationellem Ausblick ist das Terrassencafé-Restaurant »Bayerischer Rigi« am Hohen Peißenberg.
■ **Info:** Bergbaumuseum Peißenberg, Am Tiefenstollen 2, 82380 Peißenberg, Tel. 08803/51 02, www.peißenberg.de, www.knappenverein-peissenberg.de

Sehr lebhaft schildert unser Führer den Arbeitsalltag der Bergmänner. Erst hier können wir uns wirklich vorstellen, unter welchen widrigen menschlichen und technischen Bedingungen der Kohleabbau vonstatten ging. Bis zum Jahr 1971, dann wurde das Bergwerk stillgelegt, weil es sich wirtschaftlich nicht mehr rentierte. Hier unten erfahren wir direkt an Ort und Stelle, wie die Kohle abgebaut und abtransportiert wurde. Wir sehen Grubentelefone, die Stollentoilette und können sogar die Erderschütterungen wahrnehmen, die bei einer – jetzt natürlich mechanisch hervorgerufenen – Sprengung entstehen.

Das Museum wurde 1988 eröffnet und besteht aus drei Teilen. Nach unserer Stollenbesichtigung gehen wir noch in das ehemalige Zechenhaus, in dem es viele Ausstellungsstücken zu sehen gibt. Der dritte und letzte Teil befindet sich im neu renovierten, ehemaligen Maschinenhaus. Hier sind noch eine Transportlokomotive, Förderwagen, Loren und eine Entlüftungsmaschine ausgestellt. Es wird auch ein kurzer, aber sehr informativer Schwarz-Weiß-Film von 1963 über die Arbeit im Bergwerk Peißenberg gezeigt.

Tipp

Direkt am Museum beginnt einer der zahlreichen schönen Wanderwege Peißenbergs. Der **Bergbauwanderweg** führt noch an weiteren wichtigen Stollen vorbei. Bei schönem Wetter lässt sich das gut mit dem Museum verbinden.

Der 988 Meter hohe **Peißenberg** liegt gleich in der Nähe und ist einen Abstecher wert. Von dort oben hat man einen der schönsten 360-Grad-Aussichtspunkte und blickt weit über das gesamte Münchner Voralpenland bis in die nahen Alpen. Und es gibt noch eine Wallfahrtskirche und das meteorologische Observatorium dort oben, immerhin die älteste Bergwetterstation der Welt.

Mit schwerem Gerät wurde die Pechkohle gefördert.

47 EFA Automuseum

Die gesamte Ära der Automobile

Im EFA Automuseum finden wir sicher unser deutsches Traumauto. Denn Autofreaks betreten hier ein Reich zum Schwelgen und Träumen. Die gesamte Geschichte des deutschen Automobilbaus erwartet uns.

■ **Anfahrt:** Mit dem Auto: Auf der B 304 Richtung Wasserburg/Traunstein, nach Wasserburg bei Stephanskirchen rechts Abfahrt nach Amerang. Der Weg zum Museum ist ausgeschildert. Alternativ auf der A 8 Richtung Salzburg, Ausfahrt Bernau/Prien, über Bad Endorf nach Amerang.

■ **Öffnungszeiten:** Von April bis November, Dienstag bis Sonntag 10–18 Uhr, Montag Ruhetag.

■ **Preise:** Kinder (6–14 Jahre): 4 Euro, Erwachsene: 8 Euro.

■ **Altersempfehlung:** Ab ca. 8 Jahre.

■ **Einkehr:** Im Automuseum gibt es nur ein kleines Selbstbedienungscafé.

■ **Info:** EFA Museum für Deutsche Automobilgeschichte, Wasserburgerstr. 38, 83123 Amerang, Tel. 08075/81 41, www.efa-automuseum.de

Chronologisch geordnet stehen hier über 220 Autos von 1880 bis zur Neuzeit. Unter dem Motto »Als das Auto laufen lernte« sind hier die Urväter der Automobiltechnik vertreten: Benz' Patentwagen, Daimlers Motorwagen, Lutzmanns Dessauer, Adlers Limousine, Mercedestypen verschiedenster Klassen und viele mehr. Es gibt Originale, aber auch Nachbauten. Die Abteilung mit Fahrzeugen aus den Dreißigerjahren ist besonders gut bestückt. Oldtimerfans stehen ergriffen vor dem Horch 853 Cabriolet, dem Inbegriff von Luxus und Noblesse um 1937. Hier lassen aber noch viel mehr Raritäten – so der BMW Dixie – die Sammlerherzen höher schlagen.

Das Museum ist in privater Hand und 80 Prozent der Autos sind Eigentum der Familie Freiberger, deren Sammelleidenschaft die Gemeinde Amerang das Museum zu verdanken hat. Es wurde 1990 erbaut, die Sammlung ist größtenteils komplett, aber historische und fahrzeugtechnische Highlights kommen immer wieder neu hinzu. Für die Autos aus der Zeit des Wirtschaftswunders ist auch die Dekoration eine wahre Freude. Nachgebaute Tankstellen oder Schaufenster versetzen einen in die Sechzigerjahre. Aber auch neuere Autos aus den Achtzi-

Tipp
Nach dem Museumsbesuch können wir noch zum Schloss Amerang gehen. Besonders schön ist das Anfang August, dann taucht das Schloss jedes Jahr für drei Tage in die geheimnisvolle Welt des Mittelalters ein. Auf dem Ritterfest von Amerang tummeln sich Gaukler, Spielleute, Handwerker und Ritter in historisch stilvollem Rahmen, sehr empfehlenswert (www.ritter-fest.de). Das Museum lässt sich gut mit dem Besuch des **Bauernhausmuseums** von Amerang (siehe Tour 8) verbinden.

gerjahren, wie die Porsche-Rennwagen, der seltene BMW M1 und Z1 oder der sportliche Mercedes 300 SL Coupé, kommen nicht zu kurz. Im Untergeschoss des Museums ist zusätzlich noch eine Eisenbahnanlage der Spur II mit viel Liebe zum Detail aufgebaut. Zu jeder vollen Stunde fährt sie ein paar Runden.

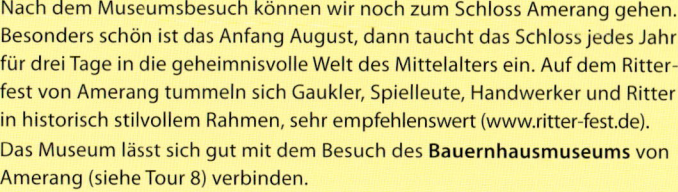

An einem Simulator können wir eine Runde drehen.

48 Höhlenburg in Stein an der Traun

Im Felsenlabyrinth des grausamen, blutrünstigen Raubritters

Es war wohl um 1270, da reichte zwischen Salzburg und Landshut bereits die Erwähnung des Namens Heinrich von Stein und Edelleute, Jungfrauen, Bauern, Handelsreisende, ja ganze Klöster und Dörfer erzitterten vor Angst vor dem blutrünstigen Raubritter.

Heinrich von Stein war berühmt-berüchtigt und einer der gefürchtetsten Raubritter, der von seiner Höhlenburg oberhalb des Flusses Traun die gesamte Gegend kontrollierte. Die in das Nagelfluhgestein der Traun getriebene und gegrabene Burg gilt immerhin als die bedeutendste und größte Höhlenburg Deutschlands. Die sagenumwobene Geschichte des Heinz oder Heinrich von Stein ist historisch natürlich nicht eindeutig belegt. Trotzdem lebt er in den Legenden weiter, und das haben wir mit Sicherheit auch den lustigen Burgführern zu verdanken, die es verstehen, die Geschichte äußerst lebendig und schaurig zu erzählen.

■ **Anfahrt:** Mit dem Auto: Von München über die A 8 Richtung Salzburg, Ausfahrt Grabenstätt, über Grabenstätt am Chiemsee entlang nach Chieming, weiter Richtung Traunreut/Trostberg. Stein an der Traun liegt wenige Kilometer vor Altenmarkt/Baumburg.
■ **Öffnungszeiten:** Führungen von April bis Ende September, täglich außer Montag 14 Uhr. In der Zeit vom 1. August bis 15. September auch um 16 Uhr.
■ **Preise:** Kinder: 1 Euro, Erwachsene: 2 Euro.
■ **Altersempfehlung:** Ab ca. 5 Jahre.
■ **Einkehr:** Direkt am Fuß der Höhlenburg liegt die Brauereigaststätte Martini. Sie gehört zur Steiner Brauerei. Neben guter Küche gibt es vor allem Bierspezialitäten, die unsere Kinder jedoch kaum interessieren dürften. Trotzdem sitzt man sehr gemütlich in den freundlichen Wirtsräumen.
■ **Info:** Hochschloss Stein an der Traun, Treffpunkt zu den Führungen am Torbogen des heutigen Internats hinter dem Brauereigasthof Martini, www.traunreut.de

Ein Führer bringt uns in die zum Großteil verfallenen Ruinenreste der Burg. Im Inneren ist es dunkel, feucht und unheimlich. Nur spärlich, aber effektvoll ist Licht in die Steinmauern gesetzt. Auf einem Hackstock liegt ein Kopf samt Lanze und Hackebeil. Im Raum schräg darüber wurde der 25 Meter tiefe Brunnen gebohrt. Vielleicht von den zahlreichen Opfern Heinrichs? War zur Zeit Heinrichs der Brunnen noch mit Schwertern gespickt, um so auf einfache und bequeme Weise nutzlose »Burggäste« zu entsorgen? Wie tief der Brunnen wirklich ist, sehen wir anhand einer brennenden Zeitungsfackel, die unser Führer in den tiefen Schlund fallen lässt. Er ist es auch, der die Geschichten um das Leben des Raubritters so spannend erzählt, dass wir uns fast wie in einer Zeitmaschine zurück ins Mittelalter versetzt fühlen. Zum Schluss steigen wir noch die fast stockdunklen, nur von unserem Kerzenlicht beleuchteten Treppenstufen hinauf. Höher und immer höher geht es hinauf, bis wir zu einem Tor kommen. Dahinter liegen die Ruinenreste und das wieder aufgebaute Haupthaus samt Stallungen des Hochschlosses. Zurück im Tageslicht ist unsere Führung zu Ende und uns erwartet eine fantastische Aussicht über das Trauntal und die Chiemgauer Berge, ehe wir wieder zu den Parkplätzen hinabsteigen.

Tipp

Zwei Kilometer von der Raubritterburg entfernt liegt das ehemalige **Kloster Baumburg**. Das im Rokokostil geschmückte Kirchenschiff ist wunderschön, und es gibt viele Details zu entdecken. Es ist eines der größten Kirchenkunstschätze des Chiemgaus. Unbedingt festes Schuhwerk und auch im Sommer eine warme Jacke anziehen. Es kann kalt werden. Bringen Sie eine **Kerze oder Taschenlampe** mit, der Führer verteilt im Notfall zwar welche, aber es reicht nicht für alle Kinder. Die meisten kleinen Raubritter wollen natürlich ihr eigenes Licht durch die Burg tragen. Die Brauereigesellschaft bietet ebenfalls **Führungen** in die Erlebniswelt Heinrich von Steins an. Sie sind teurer, beinhalten jedoch zusätzlich eine Braureiführung mit anschließender Verkostung.

Dunkel, schaurig und gruselig wird´s in der Burg.

49 Soccer-Five-Arenen

Wilde Kerle

Sie suchen nach einem tollen Freizeitvergnügen für mehrere Kinder oder Familien? Und Fußballspielen ist der Sport schlechthin in Ihrer Familie? Dann müssen Sie eine Soccer-Five-Arena ausprobieren.

Fußball ist die beliebteste Sportart in Deutschland. Da es immer weniger öffentliche Kick- oder Bolzplätze gibt und auch auf das Wetter kein Verlass ist, haben sich immer mehr Indoor-Fußballhallen etabliert. Es wird über die Bande gespielt, Netze halten den Ball im Court, ein Aus oder Abseits gibt es nicht. Selbstverständlich sind trotzdem zwei Tore vorhanden. Also eigentlich ganz einfach. Acht bis zehn Mann muss eine Gruppe groß sein, und es wird immer fünf gegen fünf (oder vier gegen vier) gespielt. Damit Kinder nicht total außer Atem kommen und die wilden Kerle nicht die Lust am Sausen verlieren, kann man den Platz auf einen Minicourt verkleinern. Dann ist das Spielfeld nur noch 15 x 14 Meter groß. Dieser Ausflug ist also hervorragend für Kindergeburtstage geeignet, aber auch Schulklassen greifen gern darauf zurück. Mehrere Familien können sich auch einen Court teilen, dann wird eben mal schnell ein Turnier der Väter gegen die

■ **Anfahrt:** Mit dem Auto: Von München auf der A 8 Richtung Salzburg, Ausfahrt Miesbach. Der Sportpark liegt im Industriegebiet hinter dem Hotel »Vier Jahreszeiten«.
■ **Öffnungszeiten:** Montag bis Freitag 9–22.30 Uhr, Wochenende und feiertags 9–21 Uhr.
■ **Preise:** Minicourt (je 1 Std.): ab 30 Euro, Maxicourt: ab 35 Euro.
■ **Altersempfehlung:** Ab ca. 7 Jahre, auch für Väter interessant.
■ **Einkehr:** Es gibt einen großen Gastronomiebereich, für Getränke und Essen ist also gesorgt.
■ **Info:** Sport- und Fitnesspark Miesbach, Oskar von Miller Str. 12, 83714 Miesbach, Tel. 08025/99740, www.sportpark-mb.de. Auch in München gibt es eine Soccer-Five-Arena: Olympiapark München, Spiridon-Louis-Ring 21, Tel. 089/3067–0, www.olympiapark.de; hier stehen den Freizeitkickern vier Felder zur Verfügung.

Nachwuchskicker initiiert. Wer meint, das sei ungerecht, weil die Erwachsenen im Vorteil seien, kann ja neue Regeln einführen: drei gegen fünf
oder die für viel Erheiterung sorgende Variante »Taucherbrillen mitnehmen
und aufsetzen«.

Die Soccer-Five-Arenen funktionieren alle nach dem Prinzip der Tennis-
oder Squashhallen. Es müssen sich nur zwei Teams finden.

Schuss und Tor – immerhin kann man das ganze Jahr dafür trainieren.

50 Das Tiermuseum von Lenggries

Tierwelt im Hirschladl

Leider steht Lenggries oft im Schatten der großen Kreisstadt Bad Tölz und wird deshalb unterschätzt. Lenggries zeichnet sich durch eine altbayerisch gewachsene Dorfstruktur aus, wie sie kaum noch anzutreffen ist.

Der Ort hat die Gradwanderung zwischen Tourismus und Tradition, zwischen Neubaugebieten und bäuerlichem Ortskern bravourös gemeistert. Bayerische Kultur und Brauchtum werden hier noch groß geschrieben, ohne deswegen gleich als volkstümlich und hinterwäldlerisch zu gelten. Sehenswert ist neben der Pfarrkirche St. Jakobus der alte Ortskern mit blumengeschmückten Bauernhöfen. Im Winter erobern die Skifahrer das Brauneck und im Sommer die Bergsteiger. Die Isar ist das Revier der Kajakfahrer und Wildwasser-Rafter und natürlich auch zum Baden bestens geeignet. Am Himmel sieht man Paraglider, und als neueste Attraktion gibt es den Klettergarten, die Jaudenflitzer, eine Downhill-Strecke für Moutainbikefahrer, Bullcarts oder den Falkenhof mit Flugvorführungen (siehe Touren 16, 17, 18). Eine andere Lenggrieser Sehenswürdigkeit be-

---

■ **Anfahrt:** Mit dem Auto: Garmischer Autobahn A 99, Ausfahrt Sindelsdorf, über Bad Tölz nach Lenggries. Das Museum liegt hinter der Kirche, der Weg ist ausgeschildert. Mit der Bahn: Von München mit der BOB über Bad Tölz bis Endstation »Lenggries«.
■ **Öffnungszeiten:** Tiermuseum Montag bis Samstag täglich 10–16 Uhr. In den bayerischen Schulferien auch am Sonntag.
■ **Preise:** Kinder ab 4 Jahre: 1,50 Euro, Erwachsene: ab 3 Euro.
■ **Altersempfehlung:** Ab ca. 4 Jahre
■ **Einkehr:** In Lenggries gibt es viele Einkehrmöglichkeiten und Eisdielen.
■ **Info:** Tiermuseum Lenggries, Bergweg 10, 83646 Lenggries, Tel. 08042/25 10, www.tiermuseum-lenggries.de

---

steht jedoch schon seit über 30 Jahren. Es ist das größte private bayerische Tiermuseum.

Auf zwei Stockwerken sind unendlich viele Tierpräparate in Schaukästen zu sehen, die die Vielfalt der europäischen Fauna vom Hochgebirge bis zu den Meeresküsten zeigen. Säugetieren, aber auch Insekten, Schmetterlingen und ganz vielen Vögeln ist hier Raum gegeben. In mühevoller Arbeit hat die Familie Waldherr alle Präparate zusammengetragen. Es sind an die 300 Säugetier- und über 1200 Vogelexemplare. Das Tiermuseum ist bei angehenden Jägern der Umgebung zum Pflichtprogramm geworden. Sie kommen und lernen hier vor Ort für ihren Jagdschein. Was sich sonst in der Natur schnell bewegt und kaum stillhält, lässt sich hier hinter Glas in aller Ruhe genau ansehen und studieren. Für Kinder gibt es ein kleines Computerprogramm und ein Rätsel zum Ertasten im »Schwarzen Kasten«. Das finden wir gleich neben dem wirklich großen Museumsladen. Hier gibt es nicht nur Präparate oder Geweihe zu kaufen, sondern auch alles, was ein bayerisches Trachten- oder Jägerherz begehrt. Traditioneller Trachtenschmuck, Geschenkartikel für Jäger und Sammler und Lederhosen in allen Formen und einige Kuriositäten. Es ist allein schon interessant, das alles genau anzuschauen.

Tipp

Das Museum ist nicht tagesfüllend, deshalb verbinden wir den Besuch am besten mit einer Wanderung zur **Lenggrieser Denkalm** (Gehzeit ohne Pausen knapp 2 Std.) oder kombinieren ihn noch mit einer anderen der vielen Attraktionen im Isartal. Baden, plantschen, Dämme bauen können wir im Anschluss an die Besichtigung fast überall an den kiesigen Ufern der Isar. In der kühleren Jahreszeit gibt es das nette, überschaubare **Schwimmbad Isarwelle** in Lenggries.

Viele Tiere tummeln sich in den Schaukästen.

51 Franz Marc Museum in Kochel

Wer malt da blaue Pferde?

Zuerst waren unsere »wilden Kerle« skeptisch: »Was, ein Museums-besuch?« Doch im Franz Marc Museum in Kochel hat der Rundgang mithilfe des wunderschön gemachten Kinder-Audio-Guides auch unsere Kunstmuffel überzeugt: »Das kann ja Spaß machen!«

Diesen Ausflug haben wir mit zwei achtjährigen, fußballbegeisterten »wilden Kerlen« getestet, denen wir nichts von unserem Ziel verraten haben. Ihr erster Kommentar beim Betreten des Museums war etwas enttäuschend: »Was soll ich denn hier, in Kunst hab' ich sowieso eine Drei, darauf hab' ich keinen Bock!!« Na super, das hatte ich mir natürlich anders vorgestellt. Aber ich konnte die beiden beschwichtigen mit einem: »Jetzt wartet erst mal ab.« Um die Geschichte abzukürzen: Ich behielt recht! Wir hatten jede Menge Spaß im Franz Marc Museum, und am meisten waren

■ **Anfahrt:** Mit dem Auto: Von München auf der A 99 Richtung Garmisch, Ausfahrt Murnau/Kochel, über Großweil, Schlehdorf nach Kochel, dort auf der B 11 weiter Richtung Mittenwald. Gebührenpflichtige Parkplätze am Kochelsee.
■ **Öffnungszeiten:** Franz Marc Museum: Dienstag bis Sonntag und an Feiertagen von 10–18 Uhr (von November bis März schließt es eine Stunde früher). Kinderatelier (5–12 Jahre): Samstag und Sonntag von 14–17 Uhr.
■ **Preise:** Kinder (ab 6 Jahre): 3,50 Euro, Erwachsene: 8,50 Euro, Teilnahme am Kinderatelier: 5 Euro Materialkosten.
■ **Altersempfehlung:** Ab ca. 6 Jahre.
■ **Einkehr:** Es gibt ein kleines Museumscafé im alten Gebäudeteil des ehemaligen Franz-Marc-Hauses. Die gemütliche Sonnenterrasse hat sich schon als Geheimtipp herumgesprochen.
■ **Info:** Franz Marc Museum, Franz Marc Park 8–10, 82431 Kochel, Tel. 08851/924 88–0, www.franz-marc-museum.de

wohl die Kinder selbst überrascht, was alles in ihnen steckt, wenn sie nur den richtigen Kick bekommen.

Tipp
Geburtstagskinder und ihre Gäste können ein eigenes individuelles Programm buchen.

An der Kasse haben sie sich den kostenlosen Kinder-Audio-Guide ausgeliehen, der von Kindern und Jugendlichen der Gymnasien Icking und Murnau gestaltet und auch gesprochen wurde. Unter dem Motto »Ein Spaziergang mit Franz Marc« laufen die Kinder nach Anweisung des Guides in die verschiedenen Stockwerke des Museums. Dort suchen sie ein bestimmtes Bild und hören sich dann eine Geschichte dazu an. Insgesamt sind es zehn Gemälde, die so aufgesucht werden, ein Querschnitt durchs Museum. Und jetzt Hand aufs Herz: Der Audio-Guide ist so interessant, spannend und wunderschön spielerisch zusammengestellt, dass ich ihn auch Erwachsenen wärmstens empfehlen kann. Vor allem jenen, die sonst auch nicht so viel Zeit in Museen verbringen. Da fällt einfach jede »Hemmschwelle« vor der großen Kunst. Vielleicht lassen Ihre Kinder Sie ja ein wenig mithören?

Einer der ersten Kommentare unserer »wilden Fußballkerle« lautete: »Upps, das ist ja das Bild von der Autobahn.« Und schon hatten sie ein Erfolgserlebnis, denn Kochel wirbt an der Garmischer Autobahn mit einem Motiv von Franz Marc für sich. Mithilfe des Audio-Guides sahen sich un-

Kreativ sind wirklich alle Kinder.

Da können die kleinen mit den großen Meisterwerken mithalten.

sere Fußballer tatsächlich alle zehn Gemälde an, und es war eine wahre Freude zu sehen, wie souverän und auch aufmerksam sie die einzelnen Bilder betrachteten – auch wenn sie zwischen den verschiedenen Stockwerken immer Wettrennen veranstalteten, um nur ja der Erste beim nächsten Bild zu sein.

Nach dem Museumsbesuch hatten dann selbstverständlich beide noch große Lust, das am Wochenende angebotene Kinderatelier zu besuchen. Im alten Gebäudeteil des Museums gibt es eine eigene Kinderwerkstatt, in der nach Lust und Laune und mithilfe der sehr freundlichen Museumsmitarbeiter zu den verschiedensten Themen gemalt, gebastelt oder geklebt werden darf. Dort stehen verschiedene Boxen mit Werkutensilien bereit. »Preußischblau und Tintenkiller«, »Junge Impressionisten« oder »Buttons selbst gemacht« sind nur einige Möglichkeiten aus dem großen Programm. Auch ältere kunstinteressierte Kinder können mit Kohlestiften, Blättern und Malbrett ins Museum losziehen. Diese Programme eignen sich hervorragend für Schulklassen und sogar Kindergartengruppen. In den Ferien gibt es auch zahlreiche Sommerkurse und Workshops. Den Besuch des Franz Marc Museums kann man übrigens prima mit weiteren Freizeitmöglichkeiten am Kochelsee kombinieren (siehe Tour 5, 15, 24, 56).

Geigenbaumuseum in Mittenwald

52

Schall und Klang

Dieser Ausflug begeistert sicher musikalisch interessierte Familien. Und selbst wenn in Ihrer Familie kein »Little Amadeus« aufwächst, der Besuch im Geigenbaumuseum ist sehr informativ und lässt sich mit vielen Besichtigungs- oder Wandermöglichkeiten in Mittenwald verbinden.

Historisch bemerkenswert ist, dass ein einziger Mittenwalder – Matthias Klotz – vor über 300 Jahren den Geigenbau im Werdenfelser Land begründete und sich diese Tradition als ein nicht unbedeutender Wirtschaftszweig bis heute fortsetzten konnte. Heute, gut 350 Jahre später, gibt es in Mittenwald eine deutschlandweit bekannte Geigenbauschule und noch viele gelernte Geigenbaumeister. Es muss nicht immer eine Stradivari sein, auch ein Mittenwalder Saiteninstrument bringt Konzertsäle zum Klingen.

Doch zurück zu Matthias Klotz. Er wurde 1653 geboren und erlernte schon in jungen Jahren zunächst in Füssen den Beruf des Instrumentenmachers, ehe er 1672 zu weiteren Lehrjahren in die italienische Geigenstadt Padua ging. Erst 1680 zog es ihn wieder in die alte Heimat. Er beschloss zu bleiben, denn er erkannte die günstigen Voraussetzungen für sein Gewerbe. In den Bergwäldern um Mittenwald wuchs das passende Holz (Ahorn und Fichte), und die guten, noch zu Römerzeiten angelegten Handelswege zwischen Nord und Süd führten zu

■ Anfahrt: Mit dem Auto: Von München auf der A 99 über Garmisch nach Mittenwald. Im Ortszentrum gibt es gebührenpflichtige Parkplätze. Das Museum liegt hinter der barocken Kirche.

■ Öffnungszeiten: In der Hauptsaison Dienstag bis Sonntag 10–17 Uhr, in der Nebensaison 11–16 Uhr.

■ Preise: Kinder (6–14 Jahre): 2 Euro, Erwachsene: 4,50 Euro.

■ Altersempfehlung: Ab 6 Jahre.

■ Einkehr: In Mittenwald gibt es viele verschiedene Möglichkeiten.

■ Info: Geigenbaumuseum, Ballengasse 3, 82481 Mittenwald, Tel. 08823/25 11, www.geigenbaumuseum-mittenwald.de

Welche Holzart ist härter?

geeigneten Absatzmärkten. Außerdem war er der erste Instrumentenmacher und damit ohne jede Konkurrenz. Es dauerte nicht lange und er lehrte nicht nur seine drei Söhne das Handwerk, sondern nahm auch andere Mittenwalder als Lehrlinge auf. Und so wuchs langsam die »Klotz Geigenbauschule« heran, die im 18. Jahrhundert ihren Höhepunkt erreichte. Im Lauf der Geschichte verlor diese Geigenbauschule auch wieder an Bedeutung, denn viele Faktoren wie wirtschaftlicher Abschwung, Kriege oder Brände spielten dem Ort übel mit. Ganz erlosch die alte Handwerkskunst jedoch nie, und noch heute sind elf Werkstätten in der Stadt ansässig.

Das Museum steht natürlich ganz im Zeichen der Streichinstrumente. Hier wird die Geschichte noch viel ausführlicher erklärt. Es gibt jede Menge wertvoller Geigen zu sehen, und im ersten Stock wechseln die Ausstellungen mehrmals im Jahr. Im Erdgeschoss des alten Mittenwalder Hauses ist in der historischen Kuchel eine Geigenbauwerkstatt eingerichtet. Leider arbeitet nur noch an wenigen besonderen Tagen ein Geigenbauer vor Ort und zeigt seine Kunst. Aber auch sonst gibt es viel für Kinder zu entdecken. Sie können Musikstücke hören oder an den verschiedenen Lasurflüssigkeiten zur Instrumentenveredelung schnuppern. Wussten Sie, dass das Holz für ein Instrument vor der Weiterverarbeitung ca. 15 Jahre lagern muss?

Nach dem Besuch des Geigenbaumuseums will noch der Rest von Mittenwald erobert werden. In der alten Marktstraße ist immer etwas los. Ein offener Bach fließt durch die kopfsteingepflasterte Fußgängerzone. Überall an den Häusern sind schöne Lüftlmalereien, mit denen sogar die große Kirche St. Peter und Paul verziert ist. In Richtung Geisterklamm (siehe Tour 21) gibt es noch ein lustiges Wolpertinger Museum. Es liegt in einer kleinen,

schummrigen Wirtschaft und ist wirklich klein, wir brauchen nicht viel Zeit dafür. Der Nebenraum der Gaststätte führt ein Stück in den dunklen Bergfelsen hinein. Vom versteckten Tonband plätschert Wasser, rauschen Blätter und die Wolpertinger kreischen. Die verschiedenen Spezies der Wolpertinger stehen oder sitzen entlang den Felswänden und in der Höhle. Wer errät, aus welchen Tieren die verschiedenen Wolpertinger zusammengesetzt sind?

Mittenwald lockt mit seiner netten Altstadt.

53 Naturkunde- und Mammut- Museum Siegsdorf

Mammutjäger

Der perfekte Tag in Siegsdorf ist die Kombination von nachmittäglicher Steinzeit-Freizeit mit dem vorherigen Besuch des Siegsdorfer Naturkunde- und Mammut-Museums.

Dort begegnen wir Rudi. Rudi ist kein rotnasiges Rentier, aber auch er lebte in Eis und Schnee. Rudi ist das Maskottchen des Naturkunde- und Mammut-Museums Siegsdorf und somit kein Geringerer als ein riesiges Mammut. Seinen Namen verdankt er übrigens dem Fundort im Gerhartsreiter Graben bei Rudhart. Nahezu lebensecht und in Originalgröße begrüßt Rudi uns am Eingang zum Museum. Neben ihm spuckt ein großer Bronze-Ammonit Wasser aus seinen Tentakeln über Holzrohre in eine Kugelmühle, die grobe, ungeschliffene Steine zu Murmeln dreht. Direkt an der Hauswand neben dem Eingang sehen wir die Nachbildung der Mammut-

■ **Anfahrt:** Mit dem Auto: Von München auf der A 8 Richtung Salzburg, Ausfahrt Siegsdorf. Der Weg zum Museum mit Parkplätzen ist ausgeschildert.

■ **Öffnungszeiten:** Ostern bis November täglich 10–18 Uhr, montags geschlossen. November bis Weihnachten nur sonntags 10–17 Uhr. Weihnachten bis Ostern mittwochs, samstags, sonntags 10–17 Uhr; in den bayerischen Ferien täglich.

■ **Preise:** Kinder (ab 6 Jahre): 3,50 Euro, Erwachsene: 5 Euro, Familienkarte: 10 Euro.

■ **Altersempfehlung:** Je nach Programm ab 6 Jahren, aber auch jüngere Kinder sind mitten im Geschehen.

■ **Einkehr:** Im Ort Siegsdorf gibt es verschiedene Möglichkeiten.

■ **Info:** Südostbayerisches Naturkunde- und Mammut-Museum Siegsdorf, Auenstr. 2, 83313 Siegsdorf, Tel. 08662/133 16. – Steinzeit Siegsdorf: Touristinformation Siegsdorf, Rathausplatz 2, 83313 Siegsdorf, Tel. 08662/49 87 45, www.museum-siegsdorf.de, www.steinzeit-siegsdorf.de

fundstelle. Das vermittelt uns eine Vorstellung davon, unter wie viel Schutt, Kies und Lehm Rudi begraben war.

Im Museum ist alles Wissenswerte rund um die geologischen Besonderheiten des Chiemgaus, seiner Fossilien und die Eiszeit dargestellt. Was sich wie staubtrockener Museumsstoff anhört, wird spannend, interaktiv und lebendig präsentiert. Anfassen ist meist erlaubt. Siegi, die Museumspuppe, begleitet uns durch die Räume. Im Keller beginnen wir als Höhlenforscher mit der Geologie. Wir lernen etwas über die Entstehung der Erde und die Kontinentaldrift. Außerdem sehen wir verschiedene Gesteinsarten, auch ganz »gewöhnliche«, die überall in der Natur vorkommen. Einen Medienraum mit Filmvorführungen gibt es auch. Über einen modrig riechenden Stollen erreichen wir durch ein Bullauge wieder das Erdgeschoss und sind nun unter Wasser. Wir »schwimmen« durch das einstige Adelholzener Meer mit seinen Versteinerungen und entdecken dabei nicht nur einzelne Haifischzähne, sondern können in das komplette Gebiss eines Hais einsteigen.

Da gehört schon Mut dazu.

Tipp

Der Besuch des Naturkunde-
und Mammut-Museums lässt
sich gut mit dem Park **Steinzeit Siegsdorf** verbinden.
Aktive Steinzeit im Freien,
das heißt Experimente, Sport,
Toben, »Ice Age«-Handwerk
und -Leben. Für die Steinzeit-
Veranstaltungen muss man
sich wie bei einem Ferienpro-
gramm vorher anmelden.
Das Programm und die Preise
sind im Internet zu finden.
Einmal in jedem Sommer-
monat (von Juni bis Sep-
tember) gibt es Festtage,
zu denen man auch unange-
meldet willkommen ist. Hier
ändert sich jedes Jahr das Programm. Es gibt verschiedene
Mottos: Kelten-, Musik-, Tanz-,
Schamanen-, Stein- oder Fami-
lientage.
Passend zum Lehrplan der
5. Jahrgangstufe gibt es den
»Steinzeit-Schnupperkurs« für
Schulklassen. Ähnlich wie in
der Siegsdorfer Feriensteinzeit
können die Schüler Feuer
machen, steinzeitliche Nahrung zubereiten, Höhlen-
malereien anfertigen und
Werkzeuge herstellen.

Nach dem »Auftauchen« erreichen wir ein Stockwerk höher die Eiszeit. Hier steht das Herzstück des Museums: Rudis Skelett. Die lichtdurchflutete Raummitte wird ganz von dem aus Originalabgüssen zusammengesetzten Mammut eingenommen. Äußerst beeindruckt von der Größe fühlt man sich schnell in die Steinzeit versetzt. An den Wänden hängen die einzelnen 40 000 Jahre alten Knochen. Die spannende Geschichte um den sensationellen Fund von seiner Entdeckung 1975 bis hin zur Bergung im Jahr 1985 ist mit Fotos dokumentiert. Unglaublich, dass der damals erst 16-jährige Bernhard von Bredow buchstäblich über den Knochen gestolpert ist und sich noch dazu gleich der Bedeutung des Fundes bewusst war. Zusammen mit einem Freund legte er im Laufe des damaligen Herbstes viele Knochen frei. Sie behielten ihr Geheimnis jedoch für sich und verrieten niemandem etwas von ihrer Entdeckung. Erst zehn Jahre später kehrte Bernhard von Bredow nach seinem Studium zurück und ging mit dem Fund an die Öffentlichkeit. Das große Graben begann 1985, und es wurden noch viel mehr Knochenstücke geborgen. Heute weiß man ziemlich genau, wie Rudi wohl an einem Wasserloch trinkend ums Leben kam. Damit ist der Rundgang allerdings noch nicht zu Ende, denn in einem unheimlichen, dunklen Höhlengang warten noch der Höhlenlöwe, Bären und jede Menge Faustkeile, Werkzeuge und Waffen aus der Steinzeit auf uns.

Ganz Siegsdorf schwimmt auf der Mammutwelle, und es gibt noch eine weitere Freizeitattraktivität, das »Mammutheum«, das an der Landstraße von Siegsdorf nach Bergen liegt. Gegründet wurde es von Rudis Entdecker Bernhard von Bredow, und auch hier kann man nach stein- und eiszeitlichem Vorbild »leben und lernen«.

Erst wenn jemand daneben steht, erkennen wir wie groß »Rudi« ist.

54 Das Berchtesgadener Salzbergwerk

Das Geheimnis des Salzes

Das geht ja lustig los! Erst mal müssen wir uns Schlapphosen, Bergarbeiterhemd und Lederschurz anziehen, ehe wir wie echte Bergmänner mit der Grubenbahn in den Stollen unter Tage einfahren und alles über den Abbau von Salz erfahren.

Salzi, das kleine Maskottchen der Salzbergwerke, entführt uns zu einem lehrreichen und spannenden Trip unter die Erde. Unser Ausflug beginnt mit einer Verwandlung. Bevor wir unter Tage fahren, werden wir erst einmal standesgemäß eingekleidet. Die Frauen bekommen weiße Schlapphosen, die Männer schwarze und dazu noch ein Bergarbeiterhemd und einen ledernen Hosenschurz – die traditionelle Bergmannstracht. Das geht ja lustig los! Gleich darauf nehmen wir aufgereiht wie Orgelpfeifen in einer Grubenbahn Platz. Und jetzt bitte lächeln. Denn kurz bevor es in

■ **Anfahrt:** Mit dem Auto: Von München auf der A 8 Richtung Salzburg, Ausfahrt Reichenhall/Berchtesgaden, Beschilderung nach Berchtesgaden folgen. Dort ist der Weg zum Salzbergwerk ausgeschildert, gebührenpflichtige Parkplätze vorhanden. Mit der Bahn: Von München über Bad Reichenhall nach Berchtesgaden, vom Bahnhof verkehren regelmäßig Busse, Haltestelle direkt am Salzbergwerk.

■ **Öffnungszeiten:** Von Mai bis Oktober täglich 9–17 Uhr, von November bis April täglich 11–15 Uhr.

■ **Preise:** Kinder (4–16 Jahre): 9,50 Euro, Erwachsene: 14,90 Euro, Familienkarte: 41 Euro. Kombitickets mit der Alten Saline in Bad Reichenhall sind günstiger.

■ **Altersempfehlung:** Ab ca. 6 Jahre.

■ **Einkehr:** Direkt am Salzbergwerk gibt es die »Bergschänke«. In Berchtesgaden selbst gibt es jede Menge gute Wirtschaften. Direkt am Marktplatz lockt die Eisdiele »La Fontana«.

■ **Info:** Salzbergwerk Berchtesgaden, Bergwerkstr. 83, 83471 Berchtesgaden, Tel. 08652/6002–0, www.salzzeitreise.de

den Stollen geht, wird noch ein Foto von uns geschossen, das wir am Ende der Tour zur Erinnerung kaufen können.

Und nun ist es soweit, wir lassen das Tageslicht hinter uns. Der Stollen ist eng, dunkel und feucht. Wir dringen tief in den Berg hinein, über uns türmen sich gute 150 Meter Felsen, Erde und Steine. Da wird einem schon ein wenig mulmig. Nach ein paar Minuten halten wir an und steigen an der Salzkathedrale aus. Jetzt setzt mit großem Lichtspektakel die faszinierende, multimediale Show ein und katapultiert uns in eine fast magisch-mystische Zauberwelt. Über 40 Meter lange Holzrutschen sausen wir zum Soleboden des ehemaligen Sinkwerks, wo unser Rundgang startet. Der Bergwerkführer, der uns begleitet, erklärt das Wichtigste. Wir kommen in das Salzlabor, wo die immensen Dimensionen der Stollen, der genaue Abbau des Salzes und die Arbeitsmethoden bis hin zur Weiterverarbeitung zu Speisesalz deutlich werden. 50 Meter unter uns arbeiten heute noch an die 50 Bergmänner, um das weiße Gold zu ernten. Wir sehen Arbeitsgeräte, die König-Ludwig-II.-Kapelle und kommen zur interaktiven Schatzkammer. An Touch-Screen-Terminals ist mithilfe spannender Erlebnispädagogik z. B. das Vergrößern von Salzkristallen möglich. Und weiter geht's durch dunkle Stollen zum letzten großen Highlight. Mit Musik untermalt und in blau-grünes Licht getaucht, setzen wir auf einem Floss über einen unterirdischen Salzsee. Viel zu schnell ist der Rundgang vorbei, schon sitzen wir wieder in der kleinen Grubenbahn, die uns zurück ans Tageslicht bringt.

Tipp

Für die Tour durch das Salzbergwerk unbedingt **warme Kleidung** mitnehmen. Im Sommer merkt man den Temperaturunterschied gewaltig. Unter Tage beträgt die Temperatur konstante 12 °C. Hunde und Kinderwagen sind nicht erlaubt. Feste Schuhe sind von Vorteil.
Extra für Schulklassen und ihre Lehrer gibt es das Angebot »**Lernen an Stationen**«. Speziell ausgearbeitet und spannend konzipiert.

Schnell geht es über die Rutsche nach unten.

55 Zum Aquadome am Tegernsee

Unter bayerischem Wasser

Dieser Freizeittipp ist nicht spektakulär, dafür aber kostenlos, und er lässt sich mit vielen weiteren Angeboten zu einem tagesfüllenden Programm verbinden. Hier im Tegernseer Tal ist immer etwas los, und deshalb spielen die Jahreszeit und das Wetter für den Ausflug keine Rolle.

Zum Aquadome wandern wir am besten von Wiessee aus zu Fuß. Die Wanderung ist relativ kurz und fast ohne Straßenverkehr. Sogar wenn Schnee liegt, sind die Wege geräumt und frei. Vom Ortszentrum Bad Wiessee spazieren wir zunächst immer am See entlang Richtung Rottach-Egern. Der schöne Spielplatz in den Kuranlagen bremst uns ein wenig. Nach etwa 30 Minuten überqueren wir den Söllbach, an dessen Ufer das hübsche Fischerhäuschen steht. Im hinteren Teil kann man durch die Glasfenster die Aufzucht- und Brutbecken der Süßwasserfische sehen. Gegenüber liegt der ganz aus grünlichem Glas und Holz konstruierte achteckige Neubau: das Aquadome.

■ **Anfahrt:** Mit dem Auto: Salzburger Autobahn A 8, Ausfahrt Holzkirchen, auf der B 318 Richtung Tegernsee.
Bad Wiessee liegt am Westufer, gebührenpflichtige Parkplätze entlang der Adrian-Stoop-Straße oder am Badepark.
Mit der Bahn: Von München über Holzkirchen Richtung Tegernsee, Haltestelle »Gmund«, weiter mit Bussen.
■ **Öffnungszeiten:** Aquadome täglich 10–19 Uhr.
■ **Preise:** Der Eintritt ins Aquadome ist frei.
■ **Altersempfehlung:** Für die ganze Familie.
■ **Einkehr:** In Bad Wiessee gibt es viele Möglichkeiten.
■ **Info:** Aquadome an der Fischbrutanstalt am Bootsanlegeplatz Abwinkl bei Bad Wiessee, Tourist-Information, Adrian-Stoop-Str. 20, 83707 Bad Wiessee, Tel. 08022/860 21, www.bad-wiessee.de

Innen ist es sehr dunkel, fast schon ein wenig unheimlich. Stille sphärische Klänge und meditative Musik erfüllen den Raum und lassen uns in eine andere Welt eintauchen. Dann hat sich das Auge an die Dunkelheit gewöhnt, und wir sind beeindruckt vom größten Süßwasser-Aquarium in Bayern. Hinter acht dicken Glaswänden schwimmen 20 verschiedene heimische Fischarten in 700 Kubikzentimeter Wasser. Wir stehen Auge in Auge mit dicken Karpfen, Saiblingen, Forellen, Rotschwanzfedern, Aalen, Krebsen, Renken, Bachforellen, Schleien und Hechten. Die Fische sollen möglichst wie in der Natur leben. Dafür wurde der Boden nur gekiest, und es herrscht – wie unter Wasser auch – gedämpftes Licht . Alle paar Wochen dürfen die Tiere in den See zurück und werden durch neue ersetzt. So gewöhnen sie sich nicht an das Becken und verhalten sich nicht unnatürlich.

Zurück wandern wir wie auf dem Hinweg. Nun besuchen wir vielleicht noch den Duft- und Tastgarten an der Seepromenade. Über 70 Pflanzenarten wachsen auf einem Hochbeet und sind sogar in Blindenschrift gekennzeichnet. In den Sommermonaten können wir ausgiebig im Freibad Sonne tanken und im Tegernsee schwimmen. Im Winter haben wir vielleicht Glück und laufen noch nach einer längeren Kälteperiode in der zugefrorenen Abwinklbucht Schlittschuh. Ansonsten gehen wir bei schlechtem Wetter in den Wiesseer Badepark, der für alle Wasserratten ein riesiger Spaß ist. Es gibt jede Menge Schwimmbecken innen und außen mit Rutschen, Whirlpools, Wasserfällen und eine große Kinderplantschoase. Erwachsenen gefällt besonders die große Saunalandschaft.

Tipp
Bitte klopfen Sie nicht gegen die Scheiben, um die Fische zu »aktivieren«. Auch lautes Schreien vertragen die Tiere nicht.

Ein ganz anderes Freizeitvergnügen ist das **Snowtubing** an den Sonnenbichlliften im Winter. Wie in Bayerischzell saust man auf Gummireifen gebettet rasant in einer vorgeformten Bahn ins Tal. Den schweißtreibenden Aufstieg verhindert zum Glück ein Lift.

Der Tipp lässt sich mit vielen anderen verbinden.

*Bayerische Seen, wie der Starnberger See,
locken viele Sommergäste in und ans Wasser.*

Schwimmbäder und Badeseen

56 Schwimm- und Funbäder in Oberbayern

Warmwasserratten

Das Alpamare ist eine perfekte Kombination von amerikanischem Fun-Wasserpark und europäischem Kur-Thermal-Schwimmbecken. Und so ist für die ganze Familie etwas dabei.

Während sich die eine Hälfte der Familie im nahezu kinderlosen Thermalbereich wohlig in den warmen Solebecken erholt, begibt sich die andere Hälfte in den Trubel und findet dort ihre Art der Erholung, die mehr im Bereich Spaß, Fun, Trubel und Action angesiedelt ist …

Das Zentrum des Bades bildet das von einem Zelt überspannte, große Brandungsbad, in dem alle halbe Stunde ein Meter hohe Wellen für Urlaubsgefühl sorgen. Hier stehen auch die meisten Liegen und es gibt

- ■ **Anfahrt:** Mit dem Auto: Garmischer Autobahn A 99, Ausfahrt Sindelsdorf, der Beschilderung nach Bad Tölz folgen, das Alpamare liegt im Kurviertel und der Weg ist ausgeschildert. Parkplatz gegen Gebühr. Mit der Bahn: Von München nach Bad Tölz, Haltestelle »Tölz«, weiter mit dem Bus oder 20 Min. Fußweg durch die historische Altstadt.
- ■ **Öffnungszeiten:** Täglich 9.30–22 Uhr, nur an Heiligabend und Silvester kürzer.
- ■ **Preise:** Kinder (ab 6 Jahre): 21 Euro, Tageskarte Erwachsene: ab 28 Euro. Preise am Wochenende und in den bayerischen Ferien höher, Stundenkarten etwas günstiger.
- ■ **Altersempfehlung:** Kinder ab 8 Jahre. Ab 10 Jahre können alle Rutschen und die Surfanlage eigenständig benutzt werden.
- ■ **Einkehr:** Im Alpamare gibt es das Selbstbedienungsrestaurant »Bel'Mare«, das gut für den kleinen Hunger ist. Für mitgebrachtes Essen gibt es einen Erholungs- und Brotzeitraum und in Bad Tölz viele Eisdielen und gute Gaststätten.
- ■ **Info:** Alpamare, Ludwigstr. 14, 83646 Bad Tölz, Tel. 08041/50 99 99, www.alpamare.de

einen Kleinkinderbereich. Gleich daneben, durch eine Drehtür abgetrennt, liegt das eigentliche Herzstück der Anlage: ein einziges Labyrinth aus Rutschen und Röhren. Cobra Canyon, Apha Canyon, Gaga-Tunnel oder der

Thriller sind genau das Richtige für wagemutige Warmwasserratten. Es gibt Lichteffekte, Wasserduschen und Kälteschocks. Es ist stockdunkel, oder es donnert und blitzt, und zum Schluss weiß eigentlich keiner mehr so genau, wo vorne und hinten ist. Ein Riesenspaß ist es allemal. So gibt es auch eine 330 Meter lange Wildwasserfahrt mit Strudel, Wasserfällen und vielen Kurven. Kinder ab 10 Jahre profitieren von der

Wasserscheu darf im Alpamare niemand sein.

tollen Indoor-Surfanlage, auf der mit großer Geschwindigkeit auf zwei Bahnen Wasser hinunterrauscht. Den »Beach Boys« stehen kleinere Boogyboards zur Verfügung, und die anfänglichen Stürze werden durch das gepolsterte Brandungsbecken gelindert.

Das leider sehr kostenintensive Alpamare eignet sich nicht für jedes Wochenende und ist eher einmal etwas für besondere Anlässe. In Oberbayern gibt es aber noch jede Menge andere Spaßbäder, die zwar nicht so groß und marketingstrategisch nicht so präsent sind, aber trotzdem besonders in der kalten Jahreszeit oder bei Regenwetter als Ausflugsziel sehr willkommen.

Eine Auswahl weiterer Spaß- und Funbäder in Oberbayern:

■ **Watzmanntherme, Bergwerkstr. 54, 83471 Berchtesgaden,**
www.watzmanntherme.de; hier gibt es einen Eltern-Kind-Bereich, Sport- und Schwimmbecken, Pools mit Strömungskanal und Unterwasserliegen, zwei Solebecken, 80-Meter-Rutsche, Saunabereich und ein großes Freigelände.

■ **Wellnessbad Vita Alpina, Brandnerstr. 1, 833324 Ruhpolding,**
www.vita-alpina.de; das Wellnessbad Vita Alpina in Ruhpolding hat einen großen Saunabereich. Hier dürfen aber nicht nur Erwachsene ausspannen, für Kinder gibt es Wellen, Wasserspielplätze und Riesenrutschen und im Sommer ein großes Freibad.

■ **Prienavera Erlebnisbad, Seestr. 120, 83209 Prien,**
www.prienavera.de; das Prienavera liegt direkt am Chiemseeufer in Prien/Stock. Aus dem warmen Freibecken hat man freie Sicht über den See auf das König-Ludwig-Schloss Herrenchiemsee. Für Kinder gibt es Rutschen.

■ **Trimini, Seeweg 2, 82431 Kochel am See,**
www.kochel.de; liebevolles Spaßbad auf verschiedenen Ebenen, mit Rutschen und Kleinkinderbereich. Vom Warmwasserbecken super Blick über den Kochelsee auf den Herzogstand und Heimgarten.

■ **Donautherme Wonnemar, Südliche Ringstr. 63, 85053 Ingolstadt,**
www.wonnemar.de; Abenteuer-Wellenbecken, Kinderwelt und der Wonnemar Tower mit seinen Rutschen sind nur ein paar der Becken. Es gibt auch ein großzügiges Außenbecken mit Strömungen.

■ **Phönixbad Ottobrunn, Haidgraben 121, 85521 Ottobrunn,**
www.phoenixbad.de; Action gibt es in der 97 Meter langen Riesenrutsche oder am bis zu 5 Meter hohen Sprungturm. Kinderbecken, Whirlpools, Erlebnisbereich mit Rutschen und Sprudeln sowie ein Außenbecken oder der sehr schöne Kleinkinderbereich bieten wirklich für jeden in der Familie etwas. Kraft tanken oder nur erholen können sich Erwachsene im großen Saunabereich.

■ **Wiesseer Badepark, Wilhelminastr. 2, 83707 Bad Wiessee,**
www.bade-park.info; hier gibt es jede Menge Schwimmbecken außen und innen mit einer großen Kleinkinderplantschanlage und für Erwachsene einen großen Saunenbereich.

■ **Badylon, Laufzornerstr. 22, 83395 Freilassing,**
www.freilassing.de; kleines, aber schönes Familienbad an der Grenze zu Österreich, preisgünstig.

■ **Badria, Alkorstr. 14, 83512 Wasserburg,**
www.badria.de; im Innenbereich gibt es verschiedene Spaßbecken, einen großen abgetrennten Kleinkinderbereich mit flachen Babybecken und für wilde Kids schnelle, teils reifenbefahrene Rutschen. Im Sommer eine großzügige Freibadanlage mit breiten Rutschen und Liegewiesen. Das alles zu einem wirklich fairen Preis.

■ **München selbst hat sehr viele Bäder,** deshalb auch hier nur eine Auswahl. Im Cosimabad branden alle 30 Minuten Wellen gegen den mit farbigen Strandkörben umstellten Beckenrand. Über einem abgetrennten Baby- und Kleinkinderbereich im Dschungellook schwingen sich Spielzeugaffen. Es gibt ein kleines Außenbecken, und wer Hunger verspürt, kann ihn gleich in der angrenzenden Pizzeria stillen (Cosimawellenbad, Cosimastr. 5, 81925 München). – Das Dante-Winter-Freibad ist, zumindest für die größeren Kinder, die schon schwimmen können, ein echtes Highlight. Zwei Becken (30 °C und 34 °C) im Freien unter eisig kaltem Winterhimmel laden zum warmen Badevergnügen ein, kalter Kopf inklusive. Besonders am Abend bei klarem Sternenhimmel und aufsteigendem Wasserdampf ist es etwas ganz Besonderes (Dante-Winter-Warmfreibad, Postillionstr. 17, 80637 München). – Das Westbad ist mit Sicherheit das schönste und größte Familienbad in München, aber leider auch das teuerste. Es besticht allein schon wegen seiner luftigen, hellen Architektur unter der Glaskuppel. Palmen ragen gen Decke, Brücke und Stege verbinden die einzelnen Bereiche. Es gibt Rutschen, Whirlpools, Strömungskanal, Massageliegen, Strudelkreis und ein schönes Außenbecken. Hier kann die ganze Familie für einen Tag in den Urlaub entfliehen, ohne dass einem nur eine Minute langweilig wird (Westbad, Weinbergstr. 11, 81241 München. Infotel. 0180/179 62 23 (3,9 Ct/Min.), www.swm.de).

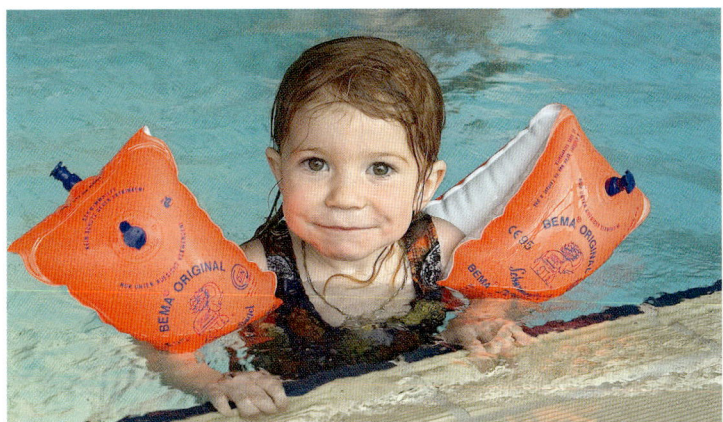

Kinder und Wasser - da sind die Kids in ihrem Element.

57 Baden im Sommer in Oberbayern

Baden unter bayerischem Himmel

Gerade in Oberbayern ist Baden im Sommer eine weit verbreitete und beliebte Freizeitmöglichkeit. Die Auswahl ist riesig und schier unerschöpflich.

■ **Anfahrt:** Mit dem Auto: Nach München-Thalkirchen fahren. Mit der U-Bahn: U3-Haltestelle »Tierpark«.
■ **Öffnungszeiten:** Juni bis Ende August 9–18 Uhr.
■ **Preise:** Kinder (bis 6 Jahre): frei, (ab sechs Jahre): 2,70 Euro, Erwachsene: 3,60 Euro.
■ **Altersempfehlung:** Für alle Kinder, auch mit Schwimmflügeln.
■ **Einkehr:** Das Wirtshaus zur Flosslände mit seinem schönen Biergarten liegt gleich daneben.
■ **Info:** Naturbad Maria Einsiedel, Thalkirchen, Zentralländstr. 28, 81379 München, www.swm.de; mehr Münchner Bäder ebenfalls unter www.swm.de, www.ganz-muenchen.de

Eigentlich findet sich in jedem größeren Ort zwischen Eichstätt und Berchtesgaden ein Frei- oder Naturbad. Ganz abgesehen von den vielen Seen und Flüssen, die zwischen den Alpen und der Donau fließen und liegen. Eigentlich darf man überall ins Wasser hüpfen, außer es ist durch Hinweis- und Verbotschilder reglementiert. Wichtig ist, dass man besonders in den Naturschutzzonen von Naturschutzgebieten Rücksicht nimmt und sich dort wirklich an die Regeln hält. Natürliche Badestellen kosten meist keinen Eintritt und sind oft nicht so überlaufen. In öffentlichen, gebührenpflichtigen Freibädern ist dafür mehr los, es gibt Kioske, Sanitäranlagen und Kinderattraktionen. Wir haben hier nur einen klitzekleinen Bruchteil der Seen und Bäder erwähnt, in denen wir baden können. Weiher und Flüsse wie die Isar, Alz, Loisach oder Altmühl würden den Rahmen sprengen und erfordern eigentlich einen eigenen Führer. Aber mit Sicherheit findet Ihre Familie genau das Richtige für sich.

In München haben wir nur ein Bad herausgegriffen: Maria Einsiedel, das erste Naturfreibad in Thalkirchen. Hier wird das Wasser nicht gechlort, und die Wasseraufbereitung übernimmt die Natur mithilfe eines zweiten Teichbeckens. Es gibt einen schönen Spielplatz und mitten durch das Gelände fließt der Isarkanal.

Weitere Badefleckerl in Oberbayern:

■ **Starnberger See**: Großes Erholungsgebiet in Ambach, Kempfenhausen und Tutzing.

■ **Ammersee**: Strandbäder in Utting, Schondorf, Dießen, Eching und Stegen.

■ **Chiemsee**: Unzählige Stellen in Prien, Seebruck, Gstadt etc.

■ **Waginger See**: Badegelände am Übergang zwischen Waginger und Tachinger See. Der See ist sehr warm.

■ **Schlier- und Tegernsee**: Viele Möglichkeiten, beliebte Strandbäder sind in Rottach Egern, Bad Wiessee, Gmund und im Ort Schliersee.

■ **Benediktbeuern**: Großes Alpenwarmbad am Fuße des Rabenkopfes.

■ **Simssee**: Fünf Strandbäder verteilen sich um den See.

■ **Hödenauer See**: Im Inntal bei Kiefersfelden mit Wasserskilift.

■ **Kastenseeoner- und Steinsee**: Moorseen vor den östlichen Toren Münchens.

■ **Buchsee** bei Münsing und **Enzenauer Weiher** bei Penzberg: Kleine Alternativen zum Starnberger See.

■ **Staffelsee**: Bei Murnau superwarmes Wasser, Badesaison meist bis Ende September.

■ **Kirchsee**: Bei Sachsenkamm/Bad Tölz Moorsee mit idyllischem Klosterbiergarten.

■ **Luegsteinsee**: Bei Oberaudorf, seit neuestem mit waghalsiger Skisprungrampe ins Wasser.

■ **Reichenhardter See**: Bei Neubeuern Inntal, viel Sonne.

■ **Wörth- und Pilsensee**: Beliebte Badespots im Fünf-Seen-Land westlich von München.

Am Neubeuerner Freibad, auch ein Tipp!

58 Das Galaxy der Therme Erding

Europas größtes Rutschenparadies

Wir haben für diesen Familienfreizeitführer wirklich alles getestet. Alles? Na ja, wenn wir ehrlich sind, dann doch nicht ganz alles! Jetzt kommt die Wahrheit ans Licht.

Wir sind bestimmt nicht wasserscheu, aber jede der 16 Rutschen im Galaxy haben wir doch nicht ausprobiert. Drei davon sind nämlich »nur« tolle Sommerrutschen und im Winter nicht zugänglich. Tja, und weitere drei im Indoorbereich sind zwar total »hip«, waren dann aber schlichtweg zu »X-treme« für uns. Denn exakt dies ist auch ihre Bezeichnung, und mit Sicherheit sind sie deshalb vor allem bei der Jugend so beliebt. Die dürfen sich ab 14 Jahren waghalsig mit Weitsprüngen, Sturzflügen und durch die Turboröhre in das feuchte Nass katapultieren.

Jetzt könnte man meinen, das Galaxy ist nur etwas für Extremsportler. Weit gefehlt. Auch ohne die wahnwitzigen Manöver hatten wir im Galaxy

■ **Anfahrt:** Mit dem Auto: Auf der A 9 Richtung Ingolstadt, Ausfahrt Ingolstadt Süd, der Beschilderung nach Eichstätt im Altmühltal folgen. Von dort flussaufwärts weiter nach Solnhofen.

■ **Öffnungszeiten:** Täglich 14–21 Uhr, an schulfreien Tagen bereits ab 9 Uhr, vor schulfreien Tagen bis 22 Uhr.

■ **Preise:** Kinder (bis 3 Jahre): frei. Verschiedene Tarife, z. B. 4-Stunden-Ticket pro Person: ab 18 Euro, Tageskarte: 25 Euro. Am Wochenende Aufschlag, Rabatte für Früh- oder Spätkommer und nach mehreren Besuchen. Kombiticket mit dem MVV. Mit dem Eintritt kann man sowohl das Galaxy als auch das Thermenparadies besuchen. Nur das textilfreie Saunaparadies kostet extra.

■ **Altersempfehlung:** Ab ca. 6 Jahre.

■ **Einkehr:** Im Galaxy gibt es eine kleine Bar mit Snacks.

■ **Info:** Therme Erding GmbH, Galaxy Rutschenparadies, Thermenallee 1, 85435 Erding, Tel. 08122/22 70–100, www.galaxy-erding.de

irrsinnig viel Spaß. Auf weiteren zehn Rutschen legten wir viele, viele Höhen-meter zurück. Immer wieder stürzten wir uns durch die verschiedenen Röhren. Allein, in Dreierreifen, durch einen Wildwasserstrom, hintereinander oder nur auf der kurzen Wackelrutsche. Wir rutschten im »Space Glider« in einem Reifen wie auf einer Achterbahn und wurden im »Space Bowl« wie von einem Trichter in einen Strudel hineingezogen. Die »Schwarze Mamba« machte besonders viel Spaß, obwohl ihr das »Magic Eye«, mit 360 Metern Europas längste Rutsche, in nichts nachstand. Dort rauscht man gleich zu dritt in einem Reifen vom höchsten Punkt der hellen Kuppel hinab ins Wasser. Für die kleineren Kinder gibt es außerdem noch drei Familienrutschen.

Und genau das ist das Beson-dere am Galaxy: Hier kommen wirklich alle auf ihre Kosten, die gesamte Familie. Von den Allerkleinsten – es gibt näm-lich auch herrliche Baby-plantschbecken und abge-trennte Kleinkinderbereiche – bis hin zu den »wilden« Ju-gendlichen. Deren Sprung-leistung und Mut darf auf gewärmten Zuschauerbänken bewundert werden. Und das ist noch lange nicht alles. Denn wer genug von der ganzen Action hat, marschiert einfach durch einen Tunnel

Das coole, ultimative Rutschen-Eldorado

hinüber in das Thermenparadies der Therme Erding. Dort darf ausgiebig in lichtdurchfluteten Hallen unter Palmen gebadet werden. Eine Fülle an separaten Pools mit Blubber-, Sole- oder Schwefelwasser sind für die Ge-sundheit da. Ebenso beleben das Dampfbad oder die Farblichttherapie. Spätestens, wenn sich die Mütter in den 38 °C warmen Jungbrunnen legen und die Väter sich den ersten Drink im Wasser an der gut besuchten Poolbar gönnen, sind alle, aber wirklich alle in der Familie restlos glücklich!

Am Münchner Stadtgründungsfest wird
für Alt und Jung jede Menge geboten.

Feste

59 Feste, Brauchtum und Kinderevents

In Oberbayern gibt es das ganze Jahr über viele Veranstaltungen, Feste, Brauchtum und Kinderevents, die nur an einem bestimmten Tag, am Wochenende oder während der Ferien stattfinden. Wegen der wechselnden Termine geben wir im Folgenden nur die jeweiligen Monate an. Für genaue Zeitpunkte, die Dauer von Events und weitere Infos recherchiert man am besten vorher im Internet und plant rechtzeig. Achtung, manche der Veranstaltungen sind schon weit im Voraus ausgebucht!

Januar
■ Montgolfiade am Tegernsee mit Ballonglühen am Abend, www.bad-wiesee.de
■ Bäuerliches Pferdeschlittenrennen in Rottach-Egern/Tegernsee, www.rottach-egern.de
■ Hundeschlittenrennen in Wallgau, www.wallgau.de
■ Circus Krone (Zirkus-Krone-Str. 1–6 in München): Einmalig auf der Welt ist der Münchner Cirkus Krone, der als größter europäischer Zirkus weltweit in der Championsleague der Zirkuskunst mitspielt. Bis Februar werden drei veschiedene Programme im Winterquartier in München aufgeführt, www.circus-krone.de

Februar
■ Viele Faschingsveranstaltungen überall in Oberbayern
■ Nostalgischer Skifasching auf der Firstalm/Spitzingsee, www.alpenplus.com
■ Historischer Maskenfasching mit Schellenrührer und Jacklschutzer in Mittenwald und Garmisch, www.mittenwald.de

März
■ Georgiritt, Pferdeumritt an Ostern in Traunstein, www.traunstein.de

April
■ Kirchseeon bei München: Tanz der Hexen in der Walpurgisnacht, www.kirchseeon.de

Mai

■ Maibaumaufstellen mit Maitanz am 1. Mai in vielen oberbayerischen Dörfern

■ Münchner Auer Dult, ein historischer Jahrmarkt, der sogar dreimal stattfindet: Maidult, Jacobi-Dult (Ende Juli) und Kirchweih-Dult (Mitte Okober), www.auerdult.de

■ Das Lernfest in Benediktbeuern zieht jedes Jahr an einem Samstag im Mai einige Tausend Besucher zum Kloster. »Neue Wege«, »Aktiv werden«, »Kinder-Uni«, es ist schier unmöglich, einen Überblick bei der großen Vielfalt an Aktionen, Workshops und Bühnenprogrammen zu geben, genauere Infos im Internet, www.lrtl.de

Juni

■ Sonnwendfeuer an vielen oberbayerischen Orten um den 21. Juni herum

■ Tollwood in München, Sommerfestival, www.tollwood.de

■ Stadtgründungsfest der Stadt München: Münchens größte Partymeile für Kids. Besonders am Wochenende um den 14./15. Juni wird die Innenstadt rund um das Münchner Rathaus zu einem historischen Pflaster, www.muenchen.de

Viele Kinder nehmen aktiv an den Leonhardifahrten teil.

Juli

■ Beginn des großen Kinder-Kultur-Sommers der Stadt München, dauert ca. drei Monate, mit vielen Veranstaltungen, Ausflügen und Aktionen für Kids, www.kids-muenchen.de

■ Kaltenberger Ritterturnier, größtes Mittelalterfest mit Turnierkämpfen und Lagerleben, www.ritterturnier.de

■ Ruethenfest in Landsberg am Lech, nur alle vier Jahre, ein großes historisches Kinderbrauchtumsfest mit Umzug, www.landsberg.de

■ Fischerstechen am Starnberger See, Kochelsee, Staffelsee und Ammersee, z. B. www.starnbergersee-info.de

August

■ In allen oberbayerischen Landkreisen Sommerferienprogramme mit vielfältigem Angebot und vielen Vergünstigungen

■ Ritterfest im Schloss Amerang, www.ritter-markt.de

■ Lilalu-Festival in München, Kinderzirkusfestival, www.lilalu.org

■ Mini-München: Alle zwei Jahre findet auf dem Olympiagelände die Münchner Kinderstadt statt. Mittlerweile gibt es schon weltweit Nachahmer. Einzigartiges pädagogisches Spielerlebnis. Kinder arbeiten, regieren und verwalten sich selbst in einer eigens geschaffenen Stadt, mit Bürgermeister, Spielstadtgeld, Entlohnung – an alles wurde gedacht, sogar an die Anmeldung im Einwohnermeldeamt, www.mini-muenchen.info

■ Mini-Rosenheim, ein ähnliches Projekt wie in München, www.stadtjugendring.de

September

■ Herbstfest in Rosenheim, www.rosenheim.de

■ Trachtenmarkt in Greding im Altmühltal: Immer am ersten Septemberwochenende gibt es den größten Trachtenmarkt mit vielen Buden, Ständen, aber auch mit Tanz und Gesangsaufführungen, www.greding.de

■ Oktoberfest in München: Das weltweit berühmte Oktoberfest beginnt immer schon Ende September und endet Anfang Oktober, www.oktoberfest.de

Oktober

■ Viele Almabtriebe und Halloweenpartys überall in Oberbayern

■ Feuerfest des Kachelofenhändlers Holtebrinck in Mürnsee bei Bad Heil-

brunn: sehr fantasievolle, wechselnde Verkaufsveranstaltung mit großem Kinderprogramm, Feuertänzern, Schmieden, Fackeln, Köhlern etc., www.antike-kacheloefen.de www.feuerfest-bad-heilbrunn.de
■ Kirchweihfeste in vielen Dörfern Oberbayerns, z. B. in Gelting bei Wolfratshausen mit Kirtahutsch'n, www.hubertus-gelting.de
■ Apfelmarkt in Bad Feilnbach, ein Fest für die ganze Familie mit kulinarischen Köstlichkeiten, Bauernmarkt, Musik, Streichelzoo, Karussell, selbst gepresstem Apfelsaft, Kutschenfahrten und natürlich viel Wissenswertem rund um den Apfel, www.bad-feilnbach.de

November
■ Leonhardiritte und Leonhardifahrten, z. B. in Kreuth/Tegernsee, Bad Tölz, Schliersee oder Nussdorf/Inn
■ Münchner Spielwies'n, im M.O.C/München, Spiel-, Ausprobier-, Test- und Verkaufsmesse aus allen Bereichen der Spielwelt, www.spielwiesn.de

Dezember
■ Viele Christkindlmärkte überall in Oberbayern
■ Tollwood in München, Winterzelte, www.tollwood.de
■ Luzienfest, kunsthandwerklicher Weihnachtsmarkt im Hof von Schloss Blutenburg in München, mit festlicher Musik und einer Kunstausstellung, www.blutenburg.de
■ Perchtenlauf in Penzberg, wilde, unheimliche Masken vertreiben den Winter während der Raunächte, www.penzberger-beaschdn.de
■ Münchner Eiszauber, Karlsplatz/Stachus in München, Eislaufen mitten in der Münchner Innenstadt, www.muenchnereiszauber.de

Die Kaltenberger Ritterturniere sind gigantisch.

Ponyreiten, wie hier im Schongauer Märchenpark lieben alle Kinder.

Orts- und Sachregister

1860 München 104

Aiporttour 19
Allianz-Arena 104
Almabtrieb 160
Almbachklamm 83
Alpamare 148
Alpenwarmbad 47
Altmühl 78
Altmühltal 30
Altstadt 136
Amerang 33, 124, 160
Ammersee 72, 153
Apfelmarkt 82, 161
Aquadome 144
Auer Dult 159

Bad Feilnbach 80, 161
Bad Heilbrunn 45, 55, 160
Bad Tölz 43, 120, 148
Bad Wiessee 27, 144, 150
Badria 150
Badylon 150
Bärencafé 37
Barfußpfad 62
Bauerngolf 59
Bauernhofmuseum 35, 125
Bavaria Filmstudios 20
Bayerische Schlösser- und Seen- verwaltung 98
Bayerische Seen- Schifffahrt 71
Benediktbeuern 46, 153, 159
Berchtesgaden 142
Bergbaumuseum 122
Bergtour 63
Beuerberg 27
Blaue Pferde 132
Blomberg 43
Blumenberg bei Eichstätt 30
Born2climb Kletterhalle, Bad Heilbrunn 55
Botanischer Garten 95, 106
Bozener Markt 136
Buchsee 153
Burg Trausnitz 99
BWM Welt 116

Campus Portal 117
Chiemgauer Hochseil- garten 55
Chiemsee 73, 153
Chiemseeer Bockerl- bahn 73
Christkindlmarkt 161
Circus Krone 158
Coco Loco 121
Cosimabad 151

Dante-Winter-Freibad 151
Dasing 28
DAV Kletterhalle, Bad Tölz 55
DAV Kletterhalle, München 55
Deutsches Museum 17, 114
Dollnstein 79
Donautherme Wonnemar 150

Ebersberg 61
Eckbauer 87
EFA Automuseum 124
Eichstätt 30
Eichstätter Fossilienpfad 32
Enzenauer Weiher 153
Erding 154
Erlebnisbad Trimini 53
Eschenlohe 61
Ettenberger Kirche 85
Ex Ornamentis 37

Fahrradtour 82
Falkenhof 56
Falknerspectaculum 57
Farchant 61
Fasching 158
FC Bayern 104
Felsenlabyrinth 126
Felsenweg 53
Feuerfest 160
Firstalm 158
Fischerstechen 160
Flughafen Familien Fest 19
Flughafen München Erding 18
Flugwerft 115

Fossiliensteinbruch 31
Franz Marc Museum 53, 132
Freilassing 150
Freilichtmuseum Glenleiten 48
Freizeitpark Ruhpolding 68
Fröttmaning 26, 104
Fußball 128

Galaxy 154
Garmisch 158
Garmisch-Partenkirchen 86
Geigenbaumuseum 135
Geiselgasteig 20
Geisterklamm 64
Geochemie 118
Georgiritt 158
Grasbrunn 36
Greding 160
Grünwald 20, 121

Halloweenparty 160
Heavens Gate, München 55
Herbstfest 160
Herzogstand 48
Hirschberglifte 27
Hochalm 60
Hochseilcamp München Aschheim 55
Hochseilgarten Ammersee 55
Hochseilgarten Isarwinkel 54
Hödenauer See 153
Höhlenburg 126
Hundeschlittenrennen 158

Indoor-Spiele-Freizeit- zentrum 120
Indoor-Spielplatz 108, 120
Ingolstadt 150

Jaudenhang 58
Jaudenhangflitzer 58
Jexhof 35
Jogoli's 120
Johanniskirchen 37
Junior Campus 116, 117

Kaltenberger Ritter- turnier 160
Kanutour 78
Kanuverleih 79
Karl May Festspiele 29
Karwendel 66
Karwendelbahn 66
Kastenseeonersee 153
Kelten Römer Museum Manching 111
Kinder- und Jugend- museum 92
Kinder-Erlebniswelt Lollihop 108
Kinder-Kultur-Sommer 160
Kinderpalais 102
Kirchsee 153
Kirchseeon 158
Kirchweihfest 161
Klamm 87
Kletterwald bei Garmisch 55
Kletterwald Blomberg 55
Kloster Baumburg 127
Kloster Benediktbeuern 46
Kochel 52, 132, 150
Kochelsee 73, 134
Königssee 72
Kranzberg 62
Kreuth 27
Kristalle 118
Kristallographie 118
Kuhfluchtfälle 61

Landsberg 74
Landshut 99
Lenggries 54, 56, 58, 130f
Lenggrieser Denkalm 131
Leonhardiritte 161
Lernfest 159
Leutasch 64
Lichterfahrten 19
Lilalu-Festival 160
Linderhof 99
Loisachmoor 46
Luegsteinsee 153
Luzienfest 161

In gleicher Reihe erschienen ...

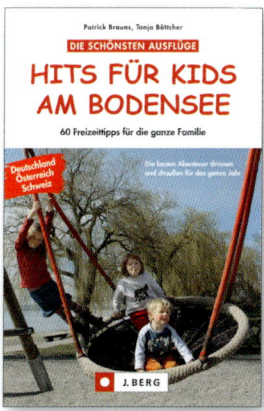

ISBN 978-3-86246-003-8

Größtes Spielzimmer der Welt, Haustiere hautnah, Abenteuer im Steinbruch, Kinder-Eldorado Bodensee: Der Freizeitführer präsentiert alle Highlights.

ISBN 978-3-7658-4197-2

Funparks, Erlebnisbäder, Kletterhallen: Wie das Allgäu zwischen Badeseen und Brauchtum Kinder bezaubert, weiß dieser Freizeitführer.

www.j-berg-verlag.de

Maislabyrinth 36
Maislabyrinth
    Lochhausen 37
Maitanz 159
Mamutheum 141
Manching 111
Märchenpark
    Marquartstein 70
Märchenpark Schongau
    76
Märchenwald Wolfrats-
    hausen 40
Maria Einsiedel 152
Marionettentheater 120
Marktschellenberg 83
Markus Wasmeier
    Bauernhofmuseum
    33
Marmorkugelmühle 83
Mineralogie 118
Mineralogische Staats-
    sammlung 118f
Minigolf 59
Mini-München 160
Mini-Rosenheim 160
Mittenwald 62, 64, 135f,
    158
Monte Kienader 27
Montgolfiade 158
Moor 47, 81
Moorerlebnispfad 80
Mörnsheim 31
München 16, 37, 90, 92,
    94ff, 100, 102, 104,
    106, 114, 116, 118,
    120, 128, 158ff
München-Aubing 108
Münchner Eiszauber
    161
Münchner Spielwies'n
    161
Museum Mensch und
    Natur 94
Museum Reich der
    Kristalle 118
Museum Wald und
    Umwelt 61

Naturbiotope 47
Naturfreibad 152
Naturinformations-
    zentrum 67
Naturkunde- und Mam-
    mut-Museum 138
Naturpark Altmühltal 78
Nymphenburg 94

Nymphenburger Park
    95

Oktoberfest 160
Olympiapark 90, 116,
    128
Ottobrunn 150
Ötzlifte 27

Paläontologisches
    Museum 95
Partnachklamm 86
Peißenberg 122f
Peiting 76
Penzberg 161
Perchtenlauf 161
Peretshofen 27
Petrographie 118
Petuelpark 117
Pferdeschlittenrennen
    158
Phönixbad Ottobrunn
    150
Pilsensee 153
Pinakothek 102
Piratenfahrt 73
Ponys 77
Pössinger Au 74
Prien 150
Prienavera 150

Räuberfahrt 73
Reichenhardter See 153
Residenz 99
Ritterfest im Schloss
    Amerang 160
Rosenheim 160
Rottach-Egern 158
Ruethenfest 160
Ruhpolding 68
Rutschenparadies 154

Salzbergwerk 142
Schauburg Kinder- und
    Jugendtheater 97
Schlehdorf 53
Schliersee 33, 73, 153
Schloss Amerang 125
Schloss Nymphenburg
    94, 99
Schlucht 85
Schmetterlinge 106
Schongau 76f
Schwimmbad Isarwelle
    131
Sealife 90
Sieben Quellen 61

Siegsdorf 138
Simssee 153
Skifasching 158
Skilift am Waldsport-
    park 27
Skilift Sonnenbichel 27
Skywalk 66
Smithsonian-Museen
    114
Snowtubing 145
Soccer-Five-Arenen 128
Solnhofen 31, 79
Sommerrodelbahn
    Garmisch 59
Sommerrodelbahn
    Oberaudorf 59
Sommerrodelbahn
    Unterammergau 59
Sommerrodeln 43
Sonnwendfeuer 159
Spitzingsee 158
Sport- und Fitnesspark
    Miesbach 128
Stadion 105
Stadtgründungsfest,
    München 159
Staffelsee 73, 153
Starnberger See 71, 153
Stein an der Traun 126
Steinbruch 31
Steinsee 153
Steinzeit Siegsdorf 140
Steinzeit-Freizeit 138
Sterntaler 80
Stuntshow 22
Süßwasser-Aquarium
    145

Technik 114
Tegernsee 73, 144, 153,
    158
Theater für Kinder 96
Theresienhöhe 100
Therme Erding 154
Tiermuseum 130
Tierpark Hellabrunn 16
Titting 31
Tollwood 159, 161
Trachtenmarkt 160
Traunstein 158
Trimini 150

Unterschleißheim 115
Urweltmuseum 82
Utting 37

Verkehrszentrum Deut-
    sches Museum 100
Vogelflugschau 25

Waginger See 153
Walchenseekraftwerk
    52
Waldsportpark 27
Wallgau 158
Walpurgisnacht 158
Wanderung 144
Wanderweg 123
Wasserburg 38, 150
Wasserspielplatz 75
Watzmanntherme 149
WellnessbadVita Alpina
    149
Westbad 151
Westernstadt Rai 28
Wiesseer Bade-Park 145
Wiesseer Badepark 150
Wildfreizeitpark
    Oberreith 38
Wildfütterung 72
Wildpark 74
Wildpark Poing 23
Winter 145
Winterspielplatz
    München 121
Wolfratshausen 40
Wolpertinger Museum
    137
Wörthsee 153

Zentrum für Umwelt
    und Kultur 47

Impressum

Unser komplettes Programm:

www.j-berg-verlag.de

Produktmanagement: Sabine Klingan
Lektorat: Britta Mümmler, München
Layout: Comtex Mediendesign, Augsburg
Kartografie: Heike Boschmann, Computerkartografie Carrle, München
Repro: Cromica s. a. s., Verona
Herstellung: Thomas Fischer, Barbara Uhlig
Printed in Italy by Printer Trento S. r. l.

Alle Angaben dieses Werkes wurden von der Autorin sorgfältig recherchiert und auf den aktuellen Stand gebracht sowie vom Verlag geprüft. Für die Richtigkeit der Angaben kann jedoch keine Haftung übernommen werden.
Für Hinweise und Anregungen sind wir jederzeit dankbar. Bitte richten Sie diese an:
J. Berg Verlag
Postfach 400209
D-80702 München
E-Mail: lektorat@j-berg-verlag.de

Bildnachweis: Alle Fotos im Innenteil und auf dem Umschlag vom Bildverlag Bahnmüller, Geretsried.
Umschlagvorderseite: Spannend gestaltete Spielplätze, wie im Petuelpark, lassen Kinderherzen höher schlagen.
Seite 1: Nichts ist schöner als ein lächelndes Kindergesicht.
Umschlagrückseite: Das Mühlstein drehen war wohl Schwerstarbeit.

Die Deutsche Nationalbibliothek verzeichnet diese Publikation in der Deutschen Nationalbibliografie; detaillierte bibliografische Daten sind im Internet über http://dnb.d-nb.de abrufbar

Aktualisierte Neuauflage
2012 © 2009 J. Berg Verlag in der Bruckmann Verlag GmbH, München
ISBN 978-3-7658-4253-5